15 días de oración con

MAGDALENA SOFÍA BARAT

COLECCIÓN 15 DÍAS DE ORACION

- Libros de referencia
  - para pasar quince días en compañía de un maestro espiritual, como en esos retiros que abren una brecha en nuestra vida diaria.
- Libros prácticos
  - un resumen biográfico al principio del libro;
  - un itinerario indicado en la introducción;
  - una introducción a la oración repartida a lo largo de los quince capítulos de la obra.
- Libros accesibles
  - una vuelta a lo esencial para cristianos practicantes;
  - una información proporcionada desde dentro;
  - para un público más amplio.

15 días de oración con

MAGDALENA SOFÍA BARAT

Fundadora de la Sociedad del
Sagrado Corazón de Jesús

Marie-Paule Préat, rscj

Edición francesa: Richard García
Portada: Richard García, basado en un dibujo
   de Wanda Bystram, r.s.c.j.
Todos los derechos de traducción, adaptación
y reproducción reservados para todos los países.
© 2025, Groupe Elidia

Éditions Nouvelle Cité 10, rue Mercœur – 75011 París
www.nouvellecite.fr

Traducción por Deepl
Revisada por Rosa Carbonell, RSCJ

Publicado en 2026
Sociedad del Sagrado Corazón
Via Tarquinio Vipera, 16
00152 Roma, Italia
rscjinternational.org

Impreso en los Estados Unidos.

ISBN: 979-8-9946784-5-9 Tapa blanda español

BIOGRAFÍA

El 14 de julio de 1789, mientras la Bastilla era asaltada en París, una niña de nueve años baja saltando por los viñedos de Joigny. Acompaña a su padre, Jacques Barat, tonelero y viticultor en esta región de Borgoña.

Magdalena Sofía nace la noche del 12 de diciembre de 1779. Unas horas antes, un violento incendio había devastado el barrio. Su madre, Magdalena Fouffé, a causa del estrés, da a luz a su hija menor dos meses antes de lo previsto. A la mañana siguiente, en medio de un frío glacial, la familia se apresura a llevar a la niña, en peligro de muerte, a la iglesia de Saint-Thibault para bautizarla. Al no poder avisar a los padrinos que estaban previstos, su hermano Luis, once años mayor que ella, se convierte en su padrino. Y se tomará muy en serio su responsabilidad.

Una mujer con raíces

Muy pronto, Luis se da cuenta de que su hermana pequeña es especialmente vivaracha y tiene una inteligencia brillante. Se propone educarla. Él piensa dedicarse a la enseñanza y al sacerdocio. Así que comparte con ella lo que aprende. Cuando enseña en la escuela de Joigny, le manda a Sofía, en casa, los mismos deberes que a sus alumnos, y luego los estimula diciendo: «Mi hermana pequeña sigue siendo la primera». Esta educación severa y exigente impide que Sofía viva la despreocupación de la infancia, debilita más su salud, y sin duda refuerza su tendencia a la ansiedad, pero también desarrolla su rica personalidad, le proporciona una cultura sorprendente para una joven de un origen modesto y la prepara en secreto para su misión.

La infancia y la juventud de Sofía—como la llaman en su familia—transcurren en medio de los disturbios de la Revolución. Su familia, profundamente cristiana, sufrirá la violencia contra la religión y la Iglesia. Joigny es una ciudad muy marcada por el jansenismo y por su rigor doctrinal y moral. Pero la familia Barat se abre a otras corrientes religiosas. Luis, durante una estancia en París, les envía unos grabados de los Corazones de Jesús y de María, símbolos de la devoción reavivada por las revelaciones del Sagrado Corazón a Santa Margarita María de Alacoque. La familia se reúne en torno a estas imágenes y reza con confianza, sobre todo cuando Luis es apresado. Condenado a morir en la guillotina, escapa gracias a un conocido y es liberado tras la muerte de Robespierre. Todos estos acontecimientos marcan profundamente a la joven Sofía.

Sofía intuye muy pronto la presencia de Dios y se siente atraída hacia la vida contemplativa. Cuando se marcha de Joigny, Luis quiere continuar la formación intelectual y religiosa de su hermana y se la lleva a París cuando Sofía tiene dieciséis años. Allí vive con otras jóvenes. Continúa estudiando con ahínco, da catequesis a los niños y sabe coser. En un Libro de Registro de Joigny, en el que aparece como madrina, está inscrita como «costurera». Pero su atracción por el Carmelo crece. Su hermano, por su parte, ha sido ordenado sacerdote en la clandestinidad. Está interesado en conocer a los Padres de la Fe, una congregación que reúne a sacerdotes que desean convertirse en jesuitas o en volver a serlo cuando se restaure la Compañía de Jesús en Francia. Él mismo llegará a serlo.

A la escucha de los signos de los tiempos

Al enterarse de la existencia de esta joven providencialmente instruida y deseosa de consagrarse a Dios, el Padre Varin, superior de los Padres de la Fe, intuye que es el instrumento enviado por Dios para fundar una congregación dedicada al Corazón de Jesús y comprometida con la educación de las jóvenes. Varin y Sofía se encuentran, y unos meses después, el 21 de noviembre de 1800, cuatro jóvenes, entre ellas Sofía, se consagran al Sagrado Corazón. Sofía asume que vive en un contexto de crisis social y religiosa y acepta dedicar su energía y sus talentos «para reavivar en los corazones la llama del amor». Presiente hasta qué punto la educación es el reto que hay que afrontar para restaurar las bases del tejido social y eclesial. Se une al proyecto sin renunciar a su fuerte atractivo por la vida contemplativa. Esta nueva forma de vida religiosa se inspirará en gran medida en las Constituciones de la Compañía de Jesús, «en la medida de lo posible adaptadas a mujeres», y también en la espiritualidad de Margarita María de Alacoque y en la visión de Teresa de Ávila.

En 1801 se funda la primera comunidad en Amiens, que se convirtió así en la «cuna» de la Sociedad del Sagrado Corazón de Jesús. Es un comienzo modesto, marcado por la sencillez y la generosidad. En aras de la justicia, la educación se pone al alcance de todas las clases sociales. Junto al internado se abre una escuela gratuita para las niñas de la región.

Una mujer audaz

En 1806, a los veintiséis años, Sofía es elegida superiora general y lo seguirá siendo hasta su muerte en 1865, con ochenta y cinco años. Comienza entonces la vida de una fundadora que recorre las carreteras de Francia e Italia y pronto de varios países de Europa. Lleva encima el peso de una congregación en fuerte expansión, que responde con creatividad a los retos de la educación de las niñas. Ya en 1818, envía a Filipina Duchesne y a cuatro compañeras a Misuri. Sofía también habría deseado ir. Pero, una vez más, acepta que la tarea que se le ha confiado y que la mantiene en Francia es la voluntad de Dios. Las religiosas de América se dispersarán rápidamente hacia el norte y hacia el sur. Una abundante correspondencia—más de catorce mil cartas conservadas—manifiesta la audacia de Sofía, su sensibilidad para el discernimiento, su solicitud siempre alerta. Se revela a la vez como una mujer emprendedora y práctica, una acompañante espiritual perspicaz y cercana, una contemplativa en la acción.

Varias crisis importantes amenazarán la unidad de la congregación, la unión de corazones que tanto aprecia. En esas circunstancias se muestra decidida pero paciente, con una paciencia que saca de su confianza cada vez más enraizada en Dios. Está convencida de que Jesucristo es el fundador de la Sociedad, y de que esta está en sus manos. Sofía se siente débil e indefensa y simplemente busca ser un instrumento dócil. Las crisis vendrán tanto del interior de la congregación como del exterior: divergencias de opinión sobre la nueva forma de vida religiosa, disputas por el poder, la crisis del galicanismo en la Iglesia de Francia, obispos que desconfían de las iniciativas de una mujer, el rápido crecimiento de la congregación que requiere un gobierno adecuado, etc. No faltan los conflictos, que la invitan a profundizar cada vez más en la humildad y la dulzura, características de quienes están llamadas a dejarse transformar a semejanza de Jesús, manso y humilde de corazón.

Del Corazón de Jesús al corazón del mundo
El atractivo por la vida contemplativa la acompaña a lo largo de toda su vida. La lleva a

cultivar la vida interior como verdadera fuente de la vida apostólica: vivir siempre atenta al soplo del Espíritu y en íntima unión con el Corazón de Cristo, compartiendo su misión de revelar el amor del Padre. Sofía lo vive profundamente. Intenta comunicarlo a sus hermanas mediante sus numerosas conferencias espirituales y su acompañamiento a las personas y a las comunidades. Esto marca también su forma de concebir la educación: anima a despertar la interioridad de las alumnas y no solo la inteligencia y la voluntad. Hacer de ellas mujeres de fe y de esperanza es tan importante como ayudar a su desarrollo humano e intelectual. Concede gran importancia a la conversación espiritual y promueve lugares de retiro y de formación espiritual para jóvenes y adultos.

El horizonte de su misión está abierto al mundo. Su conocimiento de idiomas, su vasta cultura, su capacidad de relación, junto con su origen modesto y arraigado en la tierra, forjaron a esta mujer creativa frente a los retos de su tiempo. Supo hacerse «toda para todos», con gran apertura de espíritu. Atravesó este período revolucionario trazando un camino espiritual y humano que sigue siendo actual: descubrir y manifestar el amor del Corazón de Jesús, como fuente del crecimiento de la persona y de la transformación de la sociedad.

Algunas fechas de la vida de Magdalena Sofía Barat

1779 Nacimiento y bautismo en Joigny, el 12 de diciembre.

1800 Primeros votos, el 21 de noviembre.

1801 Fundación de la primera comunidad en Amiens.

1806 Elección como superiora general vitalicia.

1815 Redacción de las Constituciones de la Sociedad del Sagrado Corazón.

1826 Aprobación de las Constituciones por León XII.

1865 Fallecimiento en París, el 25 de mayo.

1879 Introducción de la causa de canonización, el 18 de julio.

1908 Beatificación, el 24 de mayo.

1925 Canonización de Santa Magdalena Sofía por Pío XI, el 24 de mayo.

2024 Se deposita una reliquia suya en el altar principal de la catedral de Notre-Dame de París.

INTRODUCCIÓN

Contemporánea de la Revolución de 1789 en Francia y de numerosas transformaciones sociales y culturales en todo el mundo, Magdalena Sofía Barat inicia un camino nuevo. Profundamente conmovida por el amor de Jesús, inicia una nueva forma de vida religiosa en el ámbito de la espiritualidad ignaciana. También lleva a cabo una labor creativa en la educación de los jóvenes, especialmente de las mujeres. Su experiencia sigue siendo una fuente viva de inspiración para una congregación internacional, las Religiosas del Sagrado Corazón de Jesús, para numerosas instituciones educativas presentes en los cinco continentes, así como para los laicos que colaboran en la misión de esta congregación religiosa y comparten su espiritualidad. El centenario de su canonización—fue declarada santa el 24 de mayo de 1925—es una oportunidad para escucharla y descubrir, tal vez, un camino de santidad para los tiempos difíciles que vivimos.

Este itinerario espiritual parte de su infancia en tierras de Borgoña, de su contexto social y religioso, de las circunstancias concretas que forjaron su personalidad. Porque Dios obra en lo concreto de nuestra existencia humana. Esta mujer, profundamente atraída por el Corazón de Jesús, aspira a la vida contemplativa, pero el amor de Dios la impulsa a darlo a conocer y hacerlo amar. Su itinerario espiritual revela una progresiva unificación entre la vida en Dios y la vida en el corazón del mundo.

Dedicada desde el comienzo de su vida religiosa a asumir responsabilidades y a realizar fundaciones, no tiene tiempo para redactar largos escritos espirituales. Sin embargo, sus numerosas cartas y conferencias, a menudo transcritas por sus hermanas, nos revelan sus luchas espirituales y algunos secretos de su unión con Dios. Los distintos aspectos de la vida cristiana se unifican para ella en torno a una fuerte intuición: el misterio de Cristo se revela en su Corazón. Su amor humano y divino hace presente el amor del Dios vivo. Experimenta en su interior que el Espíritu Santo, el Espíritu de Jesús, unifica y transforma a la persona para que se convierta a su vez en el corazón de Dios en la tierra.

Su misión la sitúa en la encrucijada de diversas corrientes espirituales y de conflictos eclesiales. Con un profundo sentido del discernimiento, vive una fidelidad creativa a la Iglesia. María, madre de Jesús y madre de la Iglesia, la conduce al Corazón de Jesús. El camino espiritual por el que la ha llevado el Espíritu se manifiesta en un amor ardiente por Dios y en una pasión por la comunión universal: «Que todos sean uno como tú, Padre, estás en mí y yo en ti» (Jn 17,21).

* * *

En esta publicación utilizamos únicamente el nombre de Sofía. Su primer nombre de bautismo es Magdalena. Sin embargo, es seguro que en su familia la llamaban Sofía. Al comienzo de su vida religiosa, las fuentes hablan de la hermana Sofía. Después, firmaba la mayoría de sus cartas con su apellido, «Barat», o a veces «S. Barat». Cuando firmaba con su nombre de pila, para mantener el anonimato durante las Revoluciones, elegía Sofía. Por otra parte, sentía predilección por María Magdalena, a quien consideraba su santa patrona. Durante su vida le gustaba que se celebrara su fiesta el 22 de julio. Sin duda, esa es la razón por la que se la conoce como Santa Magdalena Sofía.

Cada día de este itinerario espiritual propone un «rincón de oración» que nos invita a dejar que esta experiencia resuene en nosotros, a releer nuestro propio camino espiritual, a abrirnos a una oración personal... en compañía de Sofía.

SIGLAS UTILIZADAS

Fuentes

JP	*Diario*, Poitiers 1806-1808, 1977
C, tomo, fecha	*Conferencias* (Tomos I y II), Perú, 1993
L, fecha	*Cartas* (17 volúmenes)
PA	*Plan Compendiado del Instituto*
AN	*Constituciones de la Sociedad del Sagrado Corazón de Jesús*
NC	*Nuevas Constituciones* (1982)

Principales biografías

Libros publicados por la Sociedad del Sagrado Corazón:

Cah, tomo	CAHIER, Adèle, *Vie de la Vénérable Mère Barat* (Tomos I y II), 1884
PP	PERDRAU, Pauline, *Les loisirs de l'abbaye*, Souvenirs inédites, 1934
V	VIRNOT, Marie-Thérèse, *El carisma de Santa Magdalena Sofía*, Cuba 1990
MW	WILLIAMS, Margaret, *La Sociedad del Sagrado Corazón. Historia de su espíritu*, Madrid, 1981

Libros publicados por otras editoriales:

B	BROU, A., *Oración - Vida en Santa Magdalena Sofía Barat* 1976
GG	GRANDMAISON (de), Geoffroy, *La Bienheureuse Mère Barat*, J. Gabalda éditeur, 1924
JC	CHARRY (de), Jeanne, *Sainte Madeleine-Sophie, service d'Église*, Casterman, 1965
ML	LUIRARD, Monique, *Magdalena-Sofía Barat. Una educadora en el corazón del mundo, desde el Corazón de Cristo*, Nouvelle Cité, 1999
PK	KILROY, Phil, *Magdalena Sofía Barat. Una vida,* Ediciones Encuentro, 2000

YO NACÍ DEL FUEGO

La obra de Dios se hará en usted y a través de usted, con el tiempo...
Acuda al espíritu interior, vele atentamente sobre usted misma, ponga toda su confianza en Jesucristo, pero medite también esta palabra: «Solo los violentos se apoderan del reino de Dios». ¡La palabra «violento» dice tantas cosas! Supone valor, pero un valor que nunca flaquea, que incluso se activa y aumenta a medida que encuentra dificultades y obstáculos. (L, 1826)

En la noche del 12 de diciembre de 1779 se declara un violento incendio en Joigny que se extiende al callejón donde vive la familia Barat. Las llamas penetran hasta el interior de la casa y Magdalena Barat se refugia en la habitación trasera. Profundamente conmocionada, tiene que guardar cama. Unas horas más tarde da a luz a su hija menor, dos meses antes de lo previsto. A los vecinos les gusta preguntarle a la pequeña Sofía: «¿Quién te trajo al mundo?», para oírla responder con entusiasmo: *¡El fuego!*

La vida de Sofía comienza en circunstancias que dejan entrever un temperamento ardiente y una trayectoria que dejará huella. Debido a ese nacimiento prematuro y traumático, Sofía conserva una estatura pequeña, una salud muy frágil y, sin duda, una tendencia a la ansiedad. Sin embargo, muy pronto manifiesta un temperamento apasionado: un espíritu vivaz y un carácter fuerte. Crece en el seno de una familia de artesanos bastante acomodados, trabajadores, cerca de las tierras de Joigny, donde la vid da buenos frutos. Madura rodeada del cariño de los suyos, es la benjamina mimada por su madre y por un hermano y una hermana diez años mayores que ella.

Muy joven, Sofía cae en la cuenta de su interioridad y capta la profundidad de la existencia. Cuando aún era muy pequeña, un día oye a unos jóvenes cantar en la calle: «Solo tenemos un tiempo para vivir. Amigos, pasémoslo alegremente». Esto la impacta: *Si solo tienen un tiempo para vivir, ¿por qué no lo aprovechan mejor?* (JC, p. 16). Desde muy pequeña, experimenta la presencia de Dios y la sensación de existir. Tiene un don innato para el asombro y una gran sensibilidad emocional. Podemos imaginarla correteando por las colinas de Joigny, contemplando a su padre cuidando su viña con tanto amor en cada estación del año, y haciéndole mil preguntas. También descubre que Dios habita en su corazón y la guía con lazos de amor.

Al percibir sus capacidades intelectuales, su hermano se propone enseñarle todo lo que puede. De modo que Sofía recibe una educación excepcional para una niña de su clase social. Es una escuela dura, porque Luis es severo y muy exigente. La obliga a estudiar y reprime su espontaneidad. Mucho más tarde, al evocar a San Estanislao, dice: *...como fue su mansedumbre hacia su hermano; nunca se quejó a su padre, que lo amaba con ternura. Era feliz de sufrir por su Dios. ¿Han comprendido que la humildad es la virtud que más necesitan, han comprendido esa encantadora sencillez de la que Estanislao es un precioso modelo?* (C II, San Estanislao, 1847). ¿No está hablando Sofía de la difícil relación con su propio hermano? Esa influencia podría haberle hecho perder toda la confianza en sí misma. Sin embargo, le provoca humildad. Con su sentido del humor, que también es un rasgo de su personalidad, confiesa un día: *Me he acostumbrado a la severidad de mi hermano, y lo que tanto me había hecho sufrir acabó haciéndome reír* (JC, p. 22).

Tenía nueve años cuando estalló la Revolución. Fue una verdadera prueba de fuego que la hizo madurar muy rápidamente. Su adolescencia se vio sumida en la violencia de los disturbios revolucionarios y de la destrucción que asolaron también la ciudad de Joigny. La plaza del pueblo, donde se llevaban a cabo las ejecuciones, estaba cerca de su casa. La familia teme por Luis, encarcelado en París y amenazado con la guillotina tras retractarse del juramento constitucional que había hecho siendo diácono.

A pesar de la inseguridad, Sofía continúa con curiosidad y entusiasmo su formación. Años después, durante un viaje por el mar Adriático, le cuenta a una compañera: *Busco en el horizonte las costas de Grecia, esa tierra tan famosa y que tanto amaba en mi juventud. Sí, lo confieso, me apasionaba Grecia, con su literatura tan refinada, sus brillantes luchas... Atenas, Esparta, Corinto fueron mis amores escolares... ¡Todavía me río cuando pienso en la angustia que sentía al leer el pasaje sobre las Termópilas y las guerras de Macedonia!* (PP, p. 77). Años después, a Sofía le gusta evocar el recuerdo de las horas pasadas en la soledad de su pequeña buhardilla de Joigny, en la paz que vive durante los disturbios revolucionarios gracias al estudio de los clásicos: *En aquellos tiempos, el latín, los grandes autores clásicos, Virgilio, los del siglo de Luis XIV, los oradores: Bossuet, Massillon y otros, me apasionaban, elevaban mi pensamiento hasta el punto de hacerme olvidar todo lo demás.* (PP, p. 166). No es de extrañar que más tarde le gustara repetir a las religiosas maestras: *Sepamos apasionar a nuestras alumnas por lo bello... Metámosles la historia en el alma...* (PP, p. 77).

Durante este difícil periodo su madre sufre una fuerte depresión. Sofía actúa enérgica y sensatamente y, gracias a la fortaleza de su carácter, poco a poco va adquiriendo un papel importante en la familia. Un día prepara la comida favorita de su madre y la lleva a la mesa. Como de costumbre, su madre se niega a comer, y la joven Sofía le dice con determinación que tampoco ella comerá hasta que su madre lo haga.

Al releer esta infancia tan especial, Sofía es consciente de que la mano de Dios ha actuado en las circunstancias de su vida, pero también de que nada fue fácil para los suyos: *Mis pobres padres, guiados por un espíritu superior al suyo, sufrían reproches, críticas y burlas por el hecho de que mi hermano, el sacerdote, al salir de prisión, tras la caída de Robespierre, me enseñara latín, historia y literatura. «Qué locura, decían en el vecindario, dedicar a una joven tan frágil a estudios impropios de su condición»* (PP, p. 169-170).

Su hermana Marie-Louise se casa en 1793. Sofía se marcha a París en 1795, ante la insistencia de su hermano, que consigue convencer a sus padres: *Mi hermano, al ver que perdía el tiempo y queriendo completar mis estudios, convenció a mi padre, y mi madre cedió, pues veía con natural complacencia cierto éxito obtenido en la modesta sociedad de Joigny, y Dios se sirvió de esa vanidad maternal, de las pretensiones sin razón aparente de mi hermano, para convertir a su hermana pequeña en una especie de erudita* (PP, p. 170-171). Luis quiere, en efecto, continuar la formación intelectual y espiritual de su hermana. Sofía se va entonces a vivir a París con otras jóvenes, enseña el catecismo a los niños y recibe una formación doctrinal y teológica semejante a la formación para el sacerdocio de su hermano, que será ordenado clandestinamente en septiembre de 1795.

Sofía, por su parte, guiada por la mano de Dios a través de los acontecimientos y los encuentros, puede dar testimonio de que, efectivamente, el valor se despliega en las dificultades y ante los obstáculos. ¿Cómo va a poner generosamente esta energía al servicio del Reino de Dios?

Rincón de oración

A través de las circunstancias, el crecimiento humano y espiritual de Sofía continuó: la obra de Dios se ha realizado en ella a lo largo del tiempo.

Cada uno de nosotros tiene también su historia sagrada, con sus alegrías y sus penas, sus luces y sus sombras:

¿Qué «fuego» me anima?

¿Qué acontecimientos me marcan?

¿Cómo me guía Dios?

«Señor, todos mis caminos te son familiares... Tu mano me guía...

Reconozco el ser asombroso que soy...

Guíame por el camino de la eternidad...»

(cf. Sal 138)

MI PADRE ES EL VIÑADOR

Yo soy la vid y mi Padre es el viñador. Unamos nuestro ser a este tronco divino del que brotan la savia y la vida. Dejémonos podar y recortar para dar fruto. Todo consiste en transformar nuestra vida natural: sacrificar las ramas muertas y renovar todas nuestras potencialidades para que den fruto. Vuelvan a menudo a esta vida de gracia y semejanza con la de Jesús, practíquenla sin cesar y que exprese en nosotras y por medio de nosotras la vida de su Corazón divino. (L, 11 de enero de 1842)

Sofía creció en los campos de Joigny. Amaba esa tierra. Se forma contemplando los viñedos que se extienden por las laderas. Podemos imaginarla recorriendo los viñedos en todas las estaciones, comulgando con la naturaleza, maravillándose del misterio de la vida y del esplendor de la creación. En los gestos de su padre, Jacques Barat, descubre con cuánto amor el Padre celestial cuida su viña. Observa cómo planta las cepas endebles y durante los primeros años cava surcos cada vez más profundos para que las raíces se hundan en la tierra pedregosa: cinco años de paciencia antes de que las cepas comiencen a dar algunos frutos... Cada primavera lleva a cabo una poda enérgica para eliminar los numerosos sarmientos secos y dejar solo uno robusto en cada cepa. A veces, las heladas tardías obligan a encender pequeñas hogueras para proteger los brotes jóvenes. Con frecuencia, participa en las visitas diarias a la viña mientras los frutos maduran lentamente bajo la atenta mirada de los viñadores. Una y otra vez, desde lo alto de la colina admira las cepas plantadas en suaves hileras, con sus sarmientos entrelazados para resistir juntos las tormentas y las heladas. Comparte la alegría de la vendimia, cuando amigos y familiares se ayudan mutuamente en un ambiente alegre y cordial. Nunca se la pierde. Cuando está en París, no deja de volver para esta ocasión. Jacques Barat, tonelero, también tiene una bodega donde fermenta el vino de sus viñedos. ¡No hay duda, Sofía disfruta del sabor de este vino!

Naturalmente, la parábola de la vid, en el Evangelio de Juan, se convierte para ella en un relato inspirador. A menudo se hace eco en su correspondencia de este texto de Juan (15,1-17). Fue elegido para la misa que se celebra cada año con motivo de su fiesta, el 25 de mayo.

Marie Noël, la poetisa originaria de Auxerre, en Borgoña, es prima de Sofía Barat. Con motivo de la beatificación de esta última en 1908, escribe inspirándose en sus nombres de bautismo:

«Sofía, la gran erudita, que leía latín y griego...

Magdalena, la cristiana, alma entregada a Cristo...

Luisa, la borgoñona...

Esta Luisa, en esta iglesia, se acercó de repente a mí, me saludó como cada día, su amabilidad, su mente bien ordenada y sus pies firmemente asentados en la tierra, aunque su alma volaba tan alto.

Me pareció tan familiar, con su olor a tierra, que, olvidando sus santas virtudes, su modesto hábito de religiosa, su título de fundadora y su aureola de elegida, creí haberla encontrado ayer en la *Côte*

Saint-Jacques. Y, sin más, la traté como a una prima...» (JC, p. 208).

A lo largo de su vida, Sofía disfruta de una verdadera sintonía con la creación, a través de la cual se relaciona con el Creador de tantas maravillas. Estas palabras de la encíclica *Laudato Si'* son eco de su experiencia: «Desde las vistas panorámicas más amplias hasta la forma de vida más diminuta, la naturaleza es una fuente constante de asombro y temor. Además, es una revelación continua de lo divino» (*LS*, 85). Sus compañeras de viaje son a menudo testigos de que la contemplación de la naturaleza alimenta su oración. Dilata su corazón y lo une al Padre, que cuida sin cesar de su creación. Sofía podría haber hecho suya esta exclamación: «La naturaleza está llena de palabras de amor» (*LS*, 225). «El mundo era para ella transparencia de Dios. A través de la naturaleza, como a través de la historia, el arte y la belleza, su alma contemplativa se elevaba sin esfuerzo hacia el principio de todas las cosas. Veía y saboreaba la acción del Creador en todo» (JC, p. 128).

Los animales también despiertan en ella una gran ternura. Muchas *florecillas* lo evocan. De niña, siente una cariñosa complicidad con un cordero que la sigue a todas partes. Cuando llega a Roma en enero de 1845, a las religiosas del convento de la Trinidad del Monte se les han confiado los «corderos de Santa Inés». Según la tradición, el día de la fiesta de Santa Inés, se entregan dos corderos a una comunidad religiosa de Roma, que los cuida hasta las fiestas de Pascua. Su lana se utiliza luego para confeccionar los *palios*, estolas de lana que reciben los obispos recién ordenados como signo de su misión pastoral. La distracción de Sofía, su descanso tras el cansancio mental, es ir a ver saltar a los corderos, cuya lana palpa con respeto, *con vistas al futuro*, según sus propias palabras.

En Parma, una urraca empieza a seguir a Sofía, ya sea saltando detrás de ella o volando de un árbol a otro. Ha localizado su habitación y golpea la celosía hasta que se abre la ventana y puede entrar y posarse en su hombro. A veces incluso se duerme cerca de su benefactora. Las hermanas sienten que los animales se sienten atraídos por su bondad, como ocurría con San Francisco.

En París, establece un sencillo ritual. Después de enviar el correo a las cuatro de la tarde, Sofía se dirige a la granja y contempla todo lo que la rodea. Le gusta observar durante largo rato a las vacas pastando y dar de comer a las gallinas y a los conejos. Con frecuencia cuelga un aviso: *A las 4 en punto, Nuestra Madre ruega a todas las personas que estén libres que vayan a los prados a recoger nueces y pelarlas conmigo. Firmado: Barat* (PP, p. 145). Otras veces es para remover el heno, recoger judías, acedera, frutas...

Hasta el final de su vida necesita ese contacto con la naturaleza que la mantiene en comunión con el Dios de la vida. De esa fuente extrae la savia que alimenta una existencia llena de pesadas responsabilidades. Cercana a la tierra y a toda la creación, encuentra en ella los recursos para afrontar con serenidad las preocupaciones cotidianas. Comparte su experiencia con una superiora: *Bendigo al buen Maestro por las luces y las gracias que le ha dado durante estos días de soledad y sosiego. Según la expresión de Jesucristo, es necesario que estos frutos permanezcan y que dé muchos. Ahora bien, el medio para formarlos y conservarlos es siempre la quietud que mantiene la inclinación del corazón hacia Jesús. Para fijar a Jesús en el alma y actuar según su espíritu, se necesita calma, tranquilidad, reflexión y apaciguar nuestra vivacidad natural, nuestro activismo. Entonces nuestras acciones, que llevan la marca del Espíritu de Jesús, son mesuradas, ponderadas, prudentes y sabias, y llevan a cabo un buen gobierno* (L, 7 de abril de 1853).

¿Qué habría hecho hoy ante la urgencia de salvaguardar la creación? Podemos imaginar que esta mujer llena de la sabiduría de la tierra se habría conmovido hasta lo más profundo de su ser. Con fervor, habría difundido entre los jóvenes el llamamiento a la conversión ecológica «que implica dejar brotar todas las consecuencias de su encuentro con Jesucristo en las relaciones con el mundo que los rodea» (*LS*, 217). Como educadora, habría tenido muy presente «que se eduque para una austeridad responsable, para la contemplación agradecida del mundo, para el cuidado de la fragilidad de los pobres y del ambiente» (*LS*, 214).

Rincón de oración

Me siento tranquilamente en compañía de Sofía y dejo que me hable de la sabiduría que ha adquirido al familiarizarse con la naturaleza y contemplar la creación.
¿Qué es lo que me conmueve?

Luego releo las palabras de Jesús sobre la vid (Jn 15,1-17) y dejo que actúen en mí.
¿A qué me invitan?

PORQUE ME AMAS...

¿Hasta dónde podía llegar el amor de Dios? Hasta el infinito. Jesús se rebajó hasta tomar la naturaleza humana para elevarla a la altura de Dios. Es imposible que el corazón más frío no sienta un poco de amor por este Dios que se convierte en nuestro compañero y comparte con nosotros nuestras inquietudes, nuestras penas, nuestros trabajos. (C I, 8 de abril de 1846)

La región de Joigny fue un bastión del jansenismo en los siglos XVII y XVIII. La imagen de un Dios juez y severo y la percepción de una humanidad corrompida por el pecado marcaron profundamente las mentes y las conciencias. Muchos vivían con temor a Dios. La familia de Sofía, sobre todo por parte de su madre, estaba muy influida por esta visión.

Los acontecimientos de la Revolución, la profanación de las iglesias, el culto a la Razón y los ataques contra la religión no hicieron más que reforzar en muchos católicos la imagen de una humanidad pecadora y el miedo al juicio de Dios.

Sin embargo, en el siglo anterior, Margarita María Alacoque, religiosa de la Visitación, tuvo unas revelaciones. En 1675, en el convento de Paray-le-Monial, Jesús se le apareció tres veces, mostrándole su Corazón ardiendo de amor. A su muerte, en 1690, los mensajes que había recibido del Corazón de Jesús comenzaron a difundirse. Margarita María pasa así a formar parte del conjunto de los numerosos santos y santas tocados por la misericordia de Dios. Contribuyó a poner de relieve el Corazón amoroso y misericordioso de Jesús, fuente y símbolo del amor del Padre. Surgieron diversas prácticas, como la invitación a la comunión frecuente y la hora santa en la noche de la víspera de los primeros viernes de mes. La petición de instaurar una fiesta del Sagrado Corazón en la octava de la fiesta del Santísimo Sacramento se difundió rápidamente en diversos lugares. Pero hasta 1760 no fue reconocida oficialmente por el papa Clemente XIII, y posteriormente establecida en la Iglesia universal en 1856 por el papa Pío IX. Dado el contexto político, la introducción progresiva de la devoción al Sagrado Corazón no se produjo sin conflictos. En la época de Sofía, además de ser sospechosa de herejía y quietismo en el plano espiritual, fue recuperada por quienes se oponían a la Revolución e identificada con las corrientes monárquicas.

Luis Barat, cuando está en París, envía a su familia dos grabados de los corazones de Jesús y de María, inspirados en el mensaje de Paray-le-Monial. Su madre los coloca sobre la chimenea de la habitación donde suele reunirse la familia. Sofía crece teniendo ante sus ojos estas imágenes. La familia se reúne ante ellas para rezar. Estas imágenes permanecen expuestas incluso en los momentos más peligrosos, cuando los revolucionarios amenazan con entrar de improviso, y a pesar de las protestas de algunos familiares apegados a las convicciones jansenistas. Durante el encarcelamiento de Luis, amenazado con la guillotina, o durante la depresión de su madre, así como en los estallidos de violencia, esta representación del amor de Jesús fue grabando poco a poco en el corazón de Sofía la confianza y el abandono. En ella encontró fuerza y esperanza. Lo mismo que cada día iba a sacar agua del pozo, encontró en el Corazón de Jesús la fuente inagotable de agua viva.

Cuando Sofía se marcha a París para reunirse con su hermano, que está estudiando allí, su madre se siente profundamente afectada por su partida. Para consolarla, le envía un tapiz, diseñado y bordado por ella misma (ver la reproducción en la última página). Esta obra, que realiza a la edad de 16 o 17 años, atestigua su habilidad manual y, sobre todo, su madurez espiritual. Ya revela la intuición que animará toda su vida.

La mirada es atraída por los corazones de Jesús y María, como zarzas ardientes, que recuerdan las imágenes colocadas en la cocina familiar de la casa de Joigny. La altura de las llamas atrae más que la imagen de los corazones. El Corazón de María está « atravesado por una espada », como expresa la profecía de Simeón. El Corazón de Jesús, coronado por la cruz, está « traspasado y de él brota agua y sangre ». En la parte inferior del tapiz, la serpiente que sostiene una manzana evoca el mal. Está aplastada bajo el nido de un pelícano. Según la leyenda, este se abre las entrañas para alimentar a sus crías, imagen de Cristo que llega hasta el extremo del amor. Numerosos símbolos evocan la Pasión de Jesús:

la cruz, la corona de espinas simbolizada por la rosa, la esponja con vinagre, la lanza, la sangre recogida en el cáliz. Al igual que el pelícano, Jesús en la Eucaristía da a comer su carne. «El que come mi carne y bebe mi sangre permanece en mí, y yo en él» (Jn 6,56). Al volver a contemplar el conjunto, quizá nos conmuevan estos corazones ardiendo de amor que nos invitan a mirar al cielo y a dejarnos atraer por el inmenso amor del Padre, que da a su Hijo para que el mundo se salve por Él.

Sin embargo, pasar del temor al amor sigue siendo para Sofía una verdadera lucha espiritual. A menudo tendrá que luchar contra una desconfianza espontánea en sí misma y, a veces, contra los escrúpulos. Varios de sus acompañantes espirituales se esforzarán por invitarla a la confianza ¡sobre todo después de la severa dirección de su hermano! En 1832, cuando tenía ya una larga experiencia de oración, el sacerdote Joseph-Marie Favre le escribe: «Dios no vino a este mundo para ser temido, sino para ser amado. ¿Cómo puede desconfiar de un Dios que la ama infinitamente, que quiere su felicidad? [...] ¿Cómo puede desconfiar de Jesús, de su Corazón amoroso y amable que solo pide ser amado?» (PK, p. 380-381) «En nombre y por amor a Jesús, abra su corazón, tanto tiempo ofendido, encogido, abatido, desanimado, al amor y a la confianza. Que ni las faltas pasadas, ni las imperfecciones presentes, ni el abuso de las gracias la lleven a la más mínima desconfianza» (PK, 27-2-1835, p.443).

Gracias a su trabajo interior, a las pruebas interiores y a los numerosos obstáculos que encontró a lo largo de su vida, en Sofía fue madurando una confianza inquebrantable en Dios. Porque había vivido personalmente esa lucha en su corazón y en su carne, Sofía podía hablar del amor de Dios con tanto fervor y guiar a muchas personas por los caminos del amor. El ambiente jansenista de su infancia había dejado huellas indelebles. Su paciente abandono para dejarse amar por Dios le dio la sabiduría y la inteligencia para guiar a los demás en el camino de la confianza. Así lo atestiguan estas palabras dirigidas a una compañera: *Pase lo que pase, tenga siempre confianza; Dios no puede abandonar a un alma que se lanza a sus brazos con amor. Haga todo lo que pueda por su parte y deje el resto al Señor* (Cah I, p. 456). Poco a poco, esta certeza arraigó en ella: «Nada podrá separarnos del amor de Dios manifestado en Cristo Jesús, Señor nuestro» (Rom 8,39).

Rincón de oración

La oración favorita de Sofía:

Corazón de Jesús, acudo ti,
porque eres mi único refugio,
mi sola y cierta esperanza...
Tengo la certeza de que no te cansarás de mi
y no cesarás de amarme,
de ayudarme y de protegerme,
porque me amas con un amor infinito.
Ten piedad de mi, Señor,
según tu gran misericordia,
y haz de mí, en mí y por mí,
todo lo que tú quieras,
pues me abandono a ti
con toda la confianza
de que no me abandonarás jamás.

SACUDIDA POR
LA VOLUNTAD DE DIOS

Me veo obligada a ser como un barco azotado por los vientos, que no puede avanzar ni retroceder, así que me dejo zarandear por la voluntad de Dios. (L, 16 de febrero de 1853)

A los veinte años, Sofía se encuentra en el momento de elegir. Desea fervientemente entrar en el Carmelo, pero los monasterios siguen cerrados por las autoridades revolucionarias. Su hermano, por su parte, entra en contacto con los Padres de la Fe. Alrededor del Padre Varin, su superior, se reúnen, de forma más o menos clandestina, sacerdotes que esperan el restablecimiento de la Compañía de Jesús en Francia. Esta había sido suprimida en 1773 por el papa Clemente XIV, y será restaurada en 1814.

Al enterarse de que Luis tiene una hermana que desea consagrar su vida a Dios y, sobre todo, que ha recibido una formación intelectual fuera de lo común, el Padre Varin quiere conocerla. Guardaba en su corazón el proyecto de una Sociedad del Sagrado Corazón, que había intuido su amigo, el Padre Léonor-François de Tournely, Padre del Sagrado Corazón fallecido en 1797. Tournely estaba convencido de que vería la luz una sociedad de mujeres consagradas al Corazón de Jesús y comprometidas con la educación. Varios intentos habían fracasado. ¿No sería Sofía el instrumento elegido por Dios?

¿Cómo recibe Sofía esta llamada que parece alejarla de su proyecto inicial? La saca de su zona de confort, diríamos hoy. Más bien tímida y reservada, se siente atraída hacia una vida retirada del mundo y que responde a su gran sed de Dios. Jeanne de Charry, religiosa del Sagrado Corazón, escribe en su biografía de Magdalena Sofía Barat: «Las palabras del Padre Varin despertaron un profundo eco en el alma de la joven. Pero, profundamente conmovida y consciente de su debilidad, dudaba: "Lo pensaré, Padre", respondió humildemente. Entonces reapareció todo el ardor del antiguo soldado que había sido José Varin: "No hay que pensarlo más.

Cuando se conoce la voluntad de Dios, ¡solo hay que obedecer!"» (JC, p. 25).

Así entra Sofía en el proyecto presentado por el Padre Varin, al ver en él la mano de Dios. Sin duda, reconoce que en su infancia ha habido signos providenciales: el descubrimiento de la devoción al Sagrado Corazón, su sólida preparación intelectual y espiritual, su inteligencia práctica y el espíritu emprendedor que manifesta en su familia... Todo ello se une a su sensibilidad hacia los desafíos sociales y espirituales de su época.

No tenemos mucha información sobre la lucha interior que Sofía pudo vivir en ese momento. Sin embargo, de vez en cuando alguna confidencia levanta un poco el velo. A los sesenta y cinco años, durante un viaje para fundar una nueva comunidad, atraviesa Umbría. Al pasar cerca de Asís, renuncia a desviarse para visitar el monasterio de las *Poverellas*, nombre con el que se conocía entonces a las clarisas, al que había sido invitada. Sin embargo, estas le reservan la sorpresa de ir a su encuentro y juntas hacen el camino hasta Foligno. Durante la comida, Sofía hace esta confesión: *Hijas mías, la idea de la vida retirada y oculta que les impone la Santa Iglesia reaviva en mí deseos que medio siglo no han podido debilitar a pesar de mis luchas interiores. Dios no me ha permitido visitar su sagrada soledad, no habría tenido fuerzas para abandonarla* (PP, p. 71). En esa misma época, al releer su vida, afirma: *¡Qué vida la mía... cuando en mi juventud creía que me enterraría en el Carmelo! Los caminos de Dios para con las almas son impenetrables. Siempre lo lamentaría si no tuviera la seguridad de que Dios así lo ha querido* (L, 18 de junio de 1853).

Sofía vive desde entonces «la gracia de dejarse zarandear». Quizás se sentiría identificada con estas palabras de Marion Muller-Colard: «El camino de la inquietud se me impuso por la fuerza de las cosas. Por la cruda fuerza de la vida, que no avisa de nada y que nos exige que nos adaptemos en cada momento a la indescifrable curva de su imprevisibilidad» (Marion Muller-Colard, *L'intranquillité*, p. 39). Sofía ha escuchado la llamada de Jesús a través de las circunstancias: «El que quiera salvar su vida, la perderá; pero el que pierda su vida por mí, la salvará» (Mt 16,25), y ha respondido generosamente. *No preveía lo que Dios me tenía reservado,* confiesa al final de su vida (21 de noviembre de 1861).

En 1802, con solo veintitrés años, Louise Naudet la elige responsable de la comunidad naciente. Cuatro años más tarde es elegida superiora general vitalicia, a pesar de su poca confianza en sí misma y de la sensación de no estar a la altura. En varias ocasiones pedirá insistentemente que la releven de su cargo. La responsabilidad ininterrumpida es una prueba. Al asumirla realiza su deseo de seguir a Jesús, eligiendo hacer la voluntad del Padre y superando sus propios puntos de vista para convertirse en un instrumento humilde y flexible en sus manos. A lo largo de su vida, Sofía pone toda su energía en seguir los caminos de Dios con confianza, aunque no los comprenda y le abran horizontes desconocidos. Muchas veces se pone en camino en condiciones difíciles y con una salud frágil. Recorre Francia y Europa en todas direcciones y en cualquier época del año.

También en los acontecimientos políticos ve la voluntad de Dios. Invita a seguir viviendo el momento presente, incluso en medio de las angustiosas horas de las Revoluciones. La realidad es un camino con Dios. A través de los cambios de régimen, a través de las persecuciones que sacuden a la Iglesia, mantiene el rumbo: *Querer lo que Dios quiere es la única ciencia que nos da descanso* (JC, p. 92).

La búsqueda de la voluntad de Dios la ha llevado a una entrega cada vez mayor, a una confianza sin límites. Sofía no percibe la voluntad de Dios como algo ajeno a ella, sino que, a través de todas las circunstancias, crece en la aceptación de un proyecto de amor que la trasciende y transfigura todo lo que tiene que vivir. Acoge la realidad habitada por una Presencia amorosa, lo que transforma su mirada y le da la fuerza de la esperanza. Incluso durante un período oscuro en el que se sintió traicionada, todo cobra sentido: *Cuánto sufre el corazón al ser incomprendido, abandonado por amigos que creíamos que formaban parte de nosotros mismos, y esto sin conocimiento de causa, sin explicación, refiriéndose a cualquier otra persona que no fuera aquella a la que al menos debíamos algo de confianza. Pero dejemos todo eso en manos de Dios, que es quien lo ha permitido todo y por motivos que conoceremos más adelante* (L, 1843).

No duda en hablar de la paz, e incluso de la felicidad de quien se abandona confiadamente y puede atravesar todas las tormentas con la certeza de que «todo contribuye al bien de los que aman a Dios» (Rom 8,28). Basándose en su propia experiencia, puede dar testimonio: *Todo contribuye al bien de los que aman a Dios.*

¿No queremos amarle? Sin duda. Pues bien, no temamos nada. ¿Creen quizá que este contratiempo me ha atormentado? En absoluto: estaba convencida de que de ello resultaría un bien mayor, y es lo que pasará (Cah, p. 318).

Rincón de oración

Escucho esta invitación de Sofía:

Todas esas inquietudes, preocupaciones, sentimientos, previsiones demasiado activas, todo eso le perjudica enormemente. Si se preocupara por mantenerse en el agrado de Dios en todo lo que sucede, lo recibiría en paz, con tranquilidad, casi sin conmoción (L, 1833).

Acoger lo desconocido, conocido por Dios...
Decir sí a todo lo que sucede...
Aceptar plenamente la realidad...
¿No es ese el secreto de la paz interior y de la verdadera libertad?

FORMAR EN EL ESPÍRITU DE ADORACIÓN

He aquí la idea primordial de nuestra pequeña Sociedad del Sagrado Corazón: reunirme con unas jóvenes para establecer una pequeña comunidad que, día y noche, adorara al Corazón de Jesús ultrajado en su amor eucarístico. Pero, me decía, cuando seamos veinticuatro religiosas capaces de sustituirnos en un reclinatorio para mantener la adoración perpetua, será mucho y muy poco para un objetivo tan noble... Si formáramos a jóvenes alumnas en el espíritu de adoración y reparación, ¡qué diferente sería! Y veía a cientos, a miles de adoradoras ante un ostensorio universal, elevado sobre la Iglesia. Eso es, me decía a mí misma, solitaria ante el sagrario: tenemos que entregarnos a la educación de la juventud, reconstruir en los corazones los cimientos sólidos de una fe viva, combatir las huellas del jansenismo que ha traído la impiedad y, con las revelaciones de Jesucristo a la beata Margarita María sobre la devoción a su Sagrado Corazón, levantaremos una multitud de adoradoras de todas las naciones hasta los confines de la tierra. (PP, p. 423-424)

Esta visión premonitoria no puede separarse del contexto político y eclesiástico de una congregación religiosa nacida en 1800. Sofía describe así este contexto: *Al salir del Terror y de las abominaciones de la Revolución contra la religión y el Santísimo Sacramento, todos los corazones que permanecieron fieles a Dios—surgían por todas partes cuando se reabrieron las iglesias—, todos esos corazones latían al unísono. Vengar a Jesucristo en el Santísimo Sacramento del altar era un grito de adhesión, compensarle por los sacrilegios, las impiedades y los ultrajes era la necesidad de cada alma enamorada de la reparación y la expiación* (PP, p. 422). Con un lenguaje que nos resulta poco familiar, ¿cómo intuir la fuerza y la fecundidad del impulso espiritual que se apoderó de Sofía y de sus contemporáneos?

La situación de Francia a finales del siglo XVIII es caótica. Los filósofos de la Ilustración difunden nuevas ideas que sacuden muchas certezas. La imagen de un Dios severo y exigente provoca el rechazo de la religión. Crece el deseo de una transformación radical de la sociedad. Se van gestando cambios profundos. A pesar de los que ya se estaban produciendo, el estallido de violencia durante la Revolución difumina los puntos de referencia. Si bien la visión de Sofía puede dar la impresión de que su proyecto es esencialmente espiritual, es importante señalar que también lo sitúa en otro registro: *Fue el vacío que dejó tras la Revolución la ausencia de una educación cristiana y la visión de los males que producía lo que decidió nuestra fundación* (GG, p. 141).

Sofía es uno de esos corazones que han permanecido fieles a Dios y se han sentido embargados por una santa indignación. Ha hecho suyo el mensaje de Jesús que había recibido Margarita María: «He aquí este Corazón que tanto ha amado a los hombres, que no ha escatimado nada hasta agotarse y consumirse para dar testimonio de su amor, y a cambio solo recibe de la mayoría ingratitud, irreverencia y sacrilegios, frialdad y desprecio hacia mí en el

Sacramento del amor...» En su corazón florece el deseo de entregarse totalmente a Aquel que ha manifestado tanto amor y que, a través de los acontecimientos, sigue recibiendo a cambio tanta ingratitud y tanto odio.

Su primera respuesta es la adoración. Está claro que para Sofía la adoración no se limita a la veneración del Santísimo Sacramento, aunque le concede una gran importancia. Es ante todo un impulso y un espíritu que se apodera de toda la persona: *Todo nuestro ser debe ser un sacrificio de alabanza, nuestros pensamientos, nuestras palabras, nuestras acciones y nuestros movimientos, hasta nuestra respiración* (L, 10 de febrero de 1809).

En este espíritu, la reparación y la expiación son el compromiso de *devolver amor por amor*, con una dimensión personal y social. Al principio, el proyecto de Sofía *es reunir al mayor número posible de verdaderas adoradoras del Corazón de Jesús Eucaristía* con el deseo de expiar los ultrajes y sacrilegios. Pero comprende, en la oración, que la reparación es una entrega de sí mismo que también llama a convertirse en instrumento de reconciliación. Se pregunta *cuáles serían los medios adecuados para hacer revivir a Jesucristo en las familia.* (PP, p. 422).

¿Cómo sustituir con el amor el desencadenamiento de la violencia? ¿Cómo compensar tanto odio hacia Jesús en la Eucaristía, pero también curar las heridas de estas guerras fratricidas? El medio será la educación de la juventud, con el fin de hacer renacer en los corazones una fe viva y trabajar por la verdadera fraternidad. Esto es lo que evocan las imágenes de *la custodia universal* y de una *multitud de adoradoras hasta los confines de la tierra*. El proyecto que está naciendo brota de un amor contemplativo a Jesús y de una mirada contemplativa al mundo, y se encarna en un compromiso apostólico. Nace en la situación de una nación concreta, pero tiene desde el principio una perspectiva universal.

La devoción al Sagrado Corazón no solo tiene sus raíces en las revelaciones a Santa Margarita María. Para Sofía, la devoción al Sagrado Corazón de Jesús se remonta a los primeros siglos de la Iglesia, y hasta San Juan, testigo del costado traspasado de Jesús (C II, Devoción al Sagrado Corazón, 1847). Sofía se alimenta de toda la tradición que ha sustentado esta espiritualidad: los Padres de la Iglesia, los místicos de la Edad Media, San Bernardo, Santa Gertrudis y tantos otros, la Escuela Francesa impulsada por el cardenal Pierre de Bérulle, San Juan Eudes... Reconoce que las revelaciones de Paray-le-Monial han logrado que el culto del Sagrado Corazón tenga un mayor esplendor en el pueblo de Dios y se inserta en este movimiento. Abre el camino a una educación integral animada por una «pedagogía del corazón» (Proyecto Educativo, Fundación Educativa Sofía Barat, 2024).

Su *idea primordial* se ha actualizado en las nuevas Constituciones de la congregación redactadas en 1982 y aprobadas por la Iglesia en 1987:

«El Amor del Corazón de Jesús es el origen del crecimiento de cada persona y el camino de la reconciliación de todos».

«Fieles a la inspiración de Santa Magdalena Sofía y abiertas como ella a nuevas situaciones, hacemos nuestro su deseo: que cada persona se abra a la verdad, al amor y a la libertad, que descubra el sentido de su vida y se entregue a los demás, que colabore creativamente en la transformación del mundo, que viva la experiencia del amor de Jesús, que se comprometa en una fe activa» (NC, § 10-11).

Formar a los jóvenes en el espíritu de adoración y reparación, ¿no es darles la oportunidad de encontrar el amor de Jesús y comprometerse en la transformación del mundo a través de la reconciliación? Para Sofía, se trata de *reavivar la llama de la fe y el fuego sagrado de la caridad*, con la viva conciencia de que las mujeres tienen un papel clave que desempeñar en ello. En un lenguaje más actual, se trata de reconstruir el tejido social, de trabajar por la justicia y la paz, de abrirse a la universalidad. Este deseo brota de la experiencia del amor de Dios a este mundo, manifestado en el Corazón de Jesús. Educar es participar de una manera concreta en el proyecto de amor del Padre a toda la creación. En cada época, en cada contexto, es importante discernir cómo hacerlo.

«Llega la hora en que los verdaderos adoradores adorarán al Padre en espíritu y en verdad: porque así quiere el Padre que sean los que le adoren» (Jn 4,23). El verdadero espíritu de adoración lleva a abandonarse totalmente a Dios para dejarse transformar por el poder de su Espíritu y convertirse en mujeres y hombres «de comunión, de compasión, de reconciliación» (Capítulo General, 1994).

Rincón de oración

Al contemplar hoy este mundo que Dios ama, ¿qué siento en mi interior?

¿Qué impulso nace en mí para aportar mi creatividad?

HASTA LOS CONFINES
DE LA TIERRA

Este es nuestro espíritu: el primer impulso sería permanecer a los pies del divino Maestro, pero entonces él nos dice: «Ve a buscar a mis hermanos» ... María se convierte en apóstol. ¡Ah! Ojalá pudiéramos decir, si fuera posible, a todo el universo: ¡Conoced su Corazón!
(Cah II, p. 323)

La llamada de las misiones toca el corazón de la joven Sofía. San Francisco Javier despierta en ella el deseo de anunciar el amor de Jesús en tierras lejanas. Muy pronto, su elección como superiora general vitalicia lo hace improbable. Sofía es consciente. Pero eso no apaga su ardor misionero.

En diciembre de 1804, Sofía llega a Grenoble

con el fin de fundar una comunidad. En Sainte-Marie-d'En-Haut, convento de la Visitación fundado por Juana de Chantal, se encuentra con una comunidad de religiosas que intenta rehacerse tras la dispersión. El alma de este pequeño grupo es Filipina Duchesne. Despúes de conocer al Padre Varin, decide recurrir a Sofía Barat. Cuando llegan las viajeras, Filipina se precipita a sus pies, saludándola de inmediato como a su superiora. Entre ellas surge una afinidad espiritual. Sofía pasa un año en la comunidad para formar a las religiosas. Un año bendito, durante el cual se aviva en ella el deseo de llevar la misión más allá de las fronteras.

En 1806, Filipina le confiesa la llamada que ha sentido tras la visita de un trapense misionero en Estados Unidos: «El 10 de enero, rezaba mi oración sobre el desprendimiento de los Reyes Magos. Me vino el deseo de imitarlos. Sentí que se rompían las ataduras que me retenían. Los pueblos infieles, y sobre todo las tribus salvajes de América, no me abandonaban. Quería partir inmediatamente» La respuesta de Sofía es entusiasta: *¡Viva Jesús! Su carta ha tocado la parte sensible de mi corazón. Me he sentido escuchada. Sí, eso es lo que pedía para usted desde que el Señor la confió a mi cuidado. Le insistía con fervor,* *convencida de que Él quería de usted esa dedicación y ese sacrificio total. [...] Espere el «sí» que ha buscado y que parece tardar tanto para lo que usted desea. Permítame no pronunciarlo todavía, pero le diré: espere, alimente ese deseo, trabaje para hacerse digna de ese favor* (L, 1806).

Doce años más tarde, el 21 de marzo de 1818, Filipina y cuatro compañeras zarpan del puerto de Burdeos a bordo del velero *Rebecca*, con destino a Luisiana. La semilla está sembrada. Sofía la cuidará con esmero mediante una abundante correspondencia que manifiesta su afectuosa solicitud, su sensibilidad para el discernimiento y su gran confianza en aquellas a quienes envía. Así lo atestigua su respuesta respecto a una nueva fundación: *Esto es solo una opinión, con total libertad para no seguirla. Desde tan lejos no se pueden ver los inconvenientes. El tiempo la aconsejará, y sobre todo el Espíritu de Dios* (Cah I, p. 489).

En Europa también se inicia una expansión internacional. En 1828, le piden que envíe una comunidad a Roma, al convento de la Trinidad del Monte, lo que supone un hito en el crecimiento de la congregación. A su modo, el internado de París favorece la apertura internacional. Las alumnas son a menudo jóvenes que han regresado del exilio tras la Revolución. Otras provienen de todas las partes del mundo. Esto lleva a Sofía a decir: *Ustedes quieren ir a las misiones, y he aquí que las niñas de esos países vienen, como los Reyes Magos, a buscarlas. Cuando vuelvan a su patria, un día nos llamarán* (JC, p. 135). Con su corazón misionero presiente el futuro. Acoge a una joven mexicana de quince años. Conquistada por el Corazón de Jesús, al volver a su país se convierte en un apóstol. Recorre el país a caballo, participando en una renovación pastoral basada en el culto al Sagrado Corazón. Sofía dirá: *Por una Ofelia, habría fundado la Sociedad del Sagrado Corazón,* y añadirá inmediatamente: *¿Qué digo? Jesucristo es el Fundador. Pero haber podido formar a una sola alumna de esta talla basta para convertir en alegría todos nuestros sacrificios* (PP, p. 180).

No son solo las fronteras geográficas las que atraen a Sofía. Ella sabe hacerse toda a todos. Las barreras sociales no la detienen. Las fundaciones la ponen en contacto con mucha gente, a la que siempre recibe con la misma cordialidad. Hay relatos pintorescos que lo atestiguan. Durante los viajes, encuentros inesperados revelan su calidad de relación y su intuición. Una noche, en una posada, se dirige a la camarera: *¿Cómo está* *usted con el Buen Dios?* La joven rompe a llorar y la conversación se prolonga durante buena parte de la noche. También hay testimonios que recuerdan su gran espontaneidad: los obreros de las distintas obras admiran su atención, las alumnas más difíciles o que sufrían encuentran en ella una cálida acogida. Durante la Revolución de 1848, un sublevado herido, atendido en la comunidad, le dice: «No sabe usted con quién está tratando». Ella responde tranquilamente: *Usted es mi hermano»*

Cuando se ve obligada a reunirse con obispos y reyes lo hace con la misma sencillez. Un día, mientras pela nueces, una hermana le hace notar que tendrá las manos sucias para recibir a un obispo venido de América. Ella responde alegremente: *Bueno, para que Su Excelencia piense que llevo guantes negros, denme más de estas nueces benditas, que nos tiñen los dedos con los colores de la librea de la Señora Pobreza* (PP, p. 146). Quejándose de que el rey de Piamonte-Cerdeña viene con demasiada frecuencia a comprobar lo que ocurre en el internado, le dice con humor a la comunidad que, si esto continúa, le pedirá ir a inspeccionar sus tropas.

La recomendación que da a sus hermanas revela su fibra social y su amplitud de miras: *Las que estén empleadas con las ricas estarán prontas a servir a las pobres, y las que trabajen con estas no negaran sus cuidados a las ricas, ya que todas son almas queridas por Jesucristo* (C I, 5 de mayo de 1833).

El día de su entierro el cortejo fúnebre atraviesa París, bordeando las orillas del Sena hasta Conflans. Los curiosos pueden ver los coches de los padres de las alumnas, en los que se apiñan las religiosas y las niñas, pero también los carruajes de las familias nobles. Un centenar de pobres a los que ella ha ayudado, a menudo sin que la comunidad lo supiera, siguen al coche fúnebre a pie. «Nuestra Madre, hija de un tonelero, ¿no habría sonreído ante esta alteración de los juicios mundanos en su último recorrido por París?» (PP, p. 497).

Actualmente la misión adquiere nuevos matices. El Capítulo general de 2016 ha formulado cuatro llamadas. La primera se titula: «Alcanzar nuevas fronteras: Salir, "embarcarnos" como Sociedad, y junto con otros y otras, hacia las nuevas periferias geográficas y existenciales para acompañar la vida que brota, defender la justicia, la paz y la integridad de la creación, en respuesta a todos los que buscan un sentido a su vida, a los que han sido heridos, desplazados y excluidos por la pobreza, la violencia y la degradación ambiental». No hay duda de que este llamamiento tiene sus raíces en el carisma de Sofía, cuyo corazón alcanza las dimensiones del mundo.

Rincón de oración

La experiencia de Sofía es como un eco de la invitación del papa Francisco en la encíclica *Fratelli tutti*:

«El amor implica que las acciones broten de una unión que inclina más y más hacia el otro, considerándolo valioso, digno, grato y bello, más allá de las apariencias físicas o morales. El amor al otro por ser quien es nos mueve a buscar lo mejor para su vida. Solo en el cultivo de esta forma de relacionarnos haremos posible la amistad social que no excluye a nadie y la fraternidad abierta a todos» (*FT*, 94).

¿Cómo resuena esta llamada en mí?

MARTA FUNDIDA EN MARÍA

El espíritu interior hace que el alma no respire, viva y se mueva sino en Dios. Es lo que San Pablo recomendaba, no a las religiosas, sino a todos los cristianos. Porque vivir, respirar, actuar, es todo el hombre: pero que lo haga en Dios, por Jesucristo, por quien vivimos, respiramos y obramos. Sí, en Dios y por Jesucristo. (C I, agosto de 1844)

Sofía desea profundamente una vida oculta en Dios, en el espíritu del Carmelo. También experimenta la llamada misionera: siendo joven religiosa, se siente atraída por Canadá. El reto de Sofía es conciliar estas aspiraciones en un proyecto renovado de vida religiosa. El carisma que ha recibido y transmitido a la Sociedad del Sagrado Corazón, es una mezcla creativa entre la contemplación y un estilo de vida apostólico, siguiendo el espíritu de Ignacio de Loyola.

En sus primeros tiempos en Amiens, Sofía parece totalmente absorta en Dios. Aunque realiza su tarea de educadora a fondo y con competencia, le cuesta dejar de pensar en Dios y ocuparse de las niñas. Durante los primeros diez años de vida religiosa, la atracción del Carmelo sigue siendo una verdadera tentación. En 1831, confiesa lo siguiente: *Nuestras mejores compañeras de los primeros tiempos estaban destinadas al Carmelo. No me atrevo a ponerme entre ellas. Pero no podría decirle lo que me costó al principio seguir este tipo de vida.* Añade lo que es una convicción íntima: *Nuestra familia pronto se vería aniquilada si Dios no le reservara algunas almas interiores y de oración* (L, 27 de marzo de 1831).

Cuando, estando en Poitiers, en los años 1806-1808, Sofía percibe en las novicias sus propias resistencias, está convencida de que el camino consiste en la armonización entre la vida interior y la misión: *Algunas de ellas encontraban que en nuestra vocación estábamos a menudo distraídas de la atención a Dios por el cuidado de las cosas externas, sea con las niñas, sea por los estudios a los que hay que entregarse para poder enseñar. Había oído algunas quejas, lo que me apenó verdaderamente viendo que aún no comprendían la sublimidad de nuestra vocación. Creí, pues, que debía recordarles todo lo que podía aclarar sus ideas y al mismo tiempo alejar de sus corazones ese desaliento. Nuestra vocación reúne las dos funciones de Marta y de María* (JP, 15 de agosto de 1807).

Un día, mientras Sofía explica las Constituciones, una hermana exclama: «¡Pero nuestro espíritu es Marta fundida en María!». La expresión se ha mantenido y expresa la íntima convicción de la fundadora: *Es cierto que nuestra vocación es, o debe ser, tanto contemplativa como activa. Podría incluso decir que la primera vocación debe dominar y sostener a la segunda* (L, 15 de febrero de 1855). El Plan Compendiado del Instituto afirma claramente: «El espíritu de esta Sociedad está esencialmente fundado en la oración y en la vida interior». Las conferencias, cartas y circulares de Sofía vuelven a menudo sobre el tema de la vida interior. Es un leitmotiv: *Lo esencial es cultivar el espíritu interior.* La presencia de Dios es la perla que hay que adquirir pagando su precio. Multiplica las metáforas para incitar a la práctica de esta actitud tan fundamental: *Si tienen que dejar por un momento de pensar en su Dios, que está siempre en medio de su corazón, precipítense hacia Él en cuanto estén libres, con la misma fuerza que una piedra lanzada al aire vuelve inmediatamente a la tierra, que es su centro* (C I, 10 de diciembre de 1832).

Nuestro Señor nos pide que cultivemos el campo que ha confiado a nuestros cuidados, y a no contentarnos con saber que poseemos el precioso tesoro que contiene, sino buscándolo con afán. Nuestro Señor permite a veces que alguien lo descubra inmediatamente, aunque en otras ocasiones se deba remover todo el campo, hasta encontrarlo ... Por lo tanto, no perdamos ni un instante (C I, 22 de mayo de 1830).

Esta orientación está en línea con la tradición ignaciana de «ser contemplativo en la acción». Sofía le añade un toque femenino y afectivo: *Recurramos a Jesús con una oración frecuente e íntima, la del corazón; podemos ofrecérsela en todo momento y en todo lugar. Por este medio llegaremos al amor puro de aquel que tanto nos ha amado* (L, 1852). Es la mirada del corazón que ve a Dios en todo y nos une a Jesús en todo momento y en todo lugar.

El espíritu interior es un don precioso, al que

podemos disponernos, pero que no podemos conseguir con nuestro propio esfuerzo. Es un don de Dios. Es su gracia actuando en nosotros: *En la vida espiritual, la naturaleza se cansa pronto con el esfuerzo constante. Preciso es que el alma encuentre aliento, un aliento fuerte y vigoroso que la sostenga. Este medio extraordinario por excelencia es el espíritu interior, que todo lo fecunda y vivifica... que nos hace, en cierto modo, como otros Cristos. [...] Ese espíritu interior será como la respiración de sus almas* (C I, San Ignacio, 1841).

Sofía reconoce que lucha por mantener el equilibrio. A las dificultades del comienzo de su vida le siguen las de una existencia colmada de responsabilidades: decisiones relacionadas con las fundaciones, preocupaciones por cuestiones inmobiliarias y financieras, por la formación y la salud de las hermanas, por los conflictos que tiene que gestionar en las comunidades y con los obispos, sin contar las dificultades políticas... Un día exclama: *Soy como un secretario de un ministro; no tengo tiempo para respirar. Las visitas y los asuntos se suceden y, en medio de todo este caos, ¿se puede encontrar a Jesús? Sí, pero ¿disfrutar y permanecer en paz? ¡Lo dudo!... Solo me da ánimo pensar que es él quien permite esta avalancha. Por lo tanto, nos ayudará y no nos abandonará, si seguimos soportándolo por él y, sobre todo, con* él (B, p. 8).

Con motivo de la fiesta de Santa Teresa de Ávila, Sofía subraya que la vida interior no solo es la raíz del impulso apostólico, sino también una misión: *De la asiduidad a la oración sacaremos la generosidad y ese amor que da fuerza para trabajar por el servicio de Dios y el bien de las almas, como vemos en las maravillosas obras de celo de Santa Teresa. Esta generosidad no nos es menos necesaria.* En la misma conferencia precisa: *Podemos decir que en la Sociedad del Sagrado Corazón es aún más necesaria, pues no tratamos solo de santificarnos, debemos trabajar para comunicar a los demás este mismo espíritu, y ¿cómo lo haremos si nosotras no lo tenemos?* (C I, 15 de octubre de 1835). El espíritu interior es camino de santificación. Es también un instrumento apostólico que Sofía ha elegido e iniciado desde el principio, promoviendo el acompañamiento espiritual, los grupos de oración para jóvenes, las jornadas y los espacios de retiros espirituales para adultos.

Son escasos los vestigios autobiográficos del camino espiritual de Sofía. Algunas notas de su retiro de 1839 terminan con esta oración:

Oh Jesús, mi luz, mi amor y mi vida,
haz que solo te conozca a ti,
que solo te ame a ti,
que viva solo para ti, en ti, por ti y para ti.
Tu indigna sierva: Barat
(Archivos Generales, Nota autógrafa 1839)

Rincón de oración

La acción, sin la vida de unión con Jesús, es una
acción vacía, un cuerpo sin alma, un árbol sin
fruto (L, 1843).

¿Qué te sugiere esta máxima de Sofía
para tu vida personal?

JESÚS, MANSO Y HUMILDE DE CORAZÓN

A estas plantas les falta humedad en las raíces, dice Nuestra Madre sonriendo, son como nosotras: ¿carecemos de humildad en las raíces de nuestra alma? Nos marchitamos como estas plantas... Rápido, agua, Hermana Inés, vaya a llenar estas regaderas, yo voy a rascar la tierra seca, a quitar estas piedras, para que la humedad devuelva la vida a estas criaturas del Buen Dios marchitas. ¡Si pudiera hacer entrar la humildad sin obstáculos en los terrenos resecos! ... ¡Hacen languidecer la vida de Jesucristo en lugar de favorecer la savia divina! (PP, p. 248).

En la exhortación apostólica *Gaudete et Exultate*, el papa Francisco llama a todos los cristianos a la santidad. Recuerda que «cada santo es un proyecto del Padre para reflejar y encarnar, en un momento determinado de la historia, un aspecto del Evangelio. [...] Es un mensaje que el Espíritu Santo toma de la riqueza de Jesucristo y regala a su pueblo» (*GE*, 19.21). ¿Qué aspectos del Evangelio se reflejan especialmente en Santa Magdalena Sofía? ¿Qué rasgo de la insondable riqueza de Cristo nos ofrece el Espíritu a través de su vida?

La encarnación de Dios en Jesús, misterio de abajamiento divino en la condición humana, es la fuente de la que Sofía ha sacado su impulso espiritual. En la carta a los Filipenses, Pablo expresa la disposición interior del Corazón de Jesús: «Se despojó de sí mismo» (Flp 2,7). Esta palabra resuena en ella. Contempla la humildad de Dios en el niño del pesebre. El mismo anonadamiento divino adquiere para ella una profundidad aún más conmovedora en la contemplación de Jesús en el momento de su pasión y crucifixión: «Se humilló a sí mismo, haciéndose obediente hasta la muerte, y muerte de cruz» (Flp 2,8). Sofía vinculaba profundamente el pesebre y la cruz, en los que percibía la profundidad del humilde amor de Dios. El hilo que los une lo expresa el mismo Jesús: «Aprended de mí, que soy manso y humilde de corazón» (Mt 11,29). Volviendo sin cesar a esta palabra, Sofía se ha dejado transfigurar poco a poco a semejanza de Jesús: *Seremos menos sus apóstoles por nuestras palabras y nuestros discursos que por la conformidad de todo nuestro ser con Él, manso y humilde de corazón. Que todo en nuestra conducta exprese las actitudes de este Corazón divino* (LC, 13 de diciembre de 1851).

Cada año, se deleita en el tiempo de Adviento y de Navidad. Ante el recién nacido muestra una gran ternura, lo coloca sobre sus rodillas para rezar, lo aprieta contra su corazón. *¡Ah, si supiéramos cuán encantador es Jesús, cuán amable es en los brazos de su madre! ¡Cuán ardiente es ya su pequeño corazón por nosotros! ¿Quién no lo amaría? ¿Quién sería tan duro como para resistirse a tantos encantos? No, no lo conocemos: esa es la fuente de la indiferencia hacia un Dios tan bueno. ¡Cuán grande es el Señor, y cuán digno de ser alabado! ¡Cuán pequeño es el Señor, y cuán digno de ser amado!* (L, 1808).

Belén y Nazaret son para ella lugares espirituales muy queridos. Allí renueva cada año el espíritu de pobreza tan esencial a sus ojos y la invitación a una humildad cada vez más profunda. *Un Dios, la Sabiduría eterna, el Verbo, la Palabra del Padre, reducida al silencio, que no interrumpe sino con sus gritos infantiles. Deja que su santa madre envuelva en pañales sus pequeños miembros ¡Un Dios atado! ¡El poder infinito, reducido a este anonadamiento!* (C I, 24 de diciembre de 1829).

Contemplar la humildad de Dios es una tendencia esencial de su ser. También contempla a Jesús, manso y humilde de corazón, en la sencillez de todos sus encuentros a través del Evangelio. Como en los Ejercicios Espirituales de San Ignacio, le gusta estudiar las disposiciones interiores del Corazón de Jesús, su manera de entrar en contacto con las personas, su pasión por sanar y liberar a aquellos y aquellas con quienes se encuentra.

Al igual que el apóstol Pablo, a quien cita con frecuencia, Sofía vive la coherencia entre la contemplación del misterio de Cristo y el compromiso diario que de ella se deriva. La lectura elegida para su fiesta lo expresa así: «Revestíos, pues, como elegidos de Dios, santos y amados, de entrañas de misericordia, de bondad, de humildad, mansedumbre, paciencia, soportándoos unos a otros y perdonándoos mutuamente si alguno tiene queja contra otro» (Col 3,12-13). Cuando Sofía presenta a las novicias de Poitiers las tres maneras de humildad según San Ignacio, no deja de añadir su toque personal: Siguiendo ... *el ejemplo de Nuestro Señor que la hizo su virtud favorita [...] no podrán dejar de amar la humildad y poner todos sus cuidados en su práctica* (JP, agosto de 1807).

La actitud educadora que recomienda está en la misma línea: *Es necesario que las maestras y las niñas se alegren de verlas, en vez de temer su presencia [...] Ustedes deberían ser como esas nubes que amortiguan el calor del sol, o de las pasiones, ofreciendo como una dulce lluvia de palabras, sobre todo consoladoras, que animen, alguna vez, raramente, severas, cuando la tierra se resiste [...] El espíritu de Jesús, la unión con su Corazón, es lo que atraerá su gracia sobre ellas [...] ¡Qué olvido de sí será necesario!* (L, 24 de febrero de 1851).

La humildad es también un criterio de discernimiento cuando hay que elegir entre distintas misiones. Con ocasión de las negociaciones sobre una fundación en Burdeos, en 1819, Sofía escribe al obispo: *Este establecimiento me produce cierto atractivo, con preferencia a otras fundaciones más llamativas, precisamente debido al espíritu de pobreza, de humildad y de sencillez que hay en ella. Me parece que esta obra nos acercará más al Corazón de Jesús. Monseñor, esta obra no nos es en absoluto extraña. Es conforme a nuestras Constituciones entregarnos a la educación de los pobres. Todos nuestros establecimientos tienen una escuela gratuita, y en Grenoble y en Beauvais tenemos una escuela laboral para las jóvenes pobres, a las que se les enseña un oficio* (Cah I, p. 334).

La dulzura y la humildad son también el sello de su gobierno. Su forma de comunicar una obediencia es a menudo cordial y fraterna. Escribe a una religiosa: *Debo decirle que el buen Maestro exige de ambas un sacrificio que le resultará tan penoso como lo es para mí imponérselo. Pero no puedo hacer otra cosa: el Señor lo quiere.* Vela por la salud de cada una y su acogida es siempre cálida. Se dirige a una novicia tímida: *Entre, hija mía, aquí la puerta siempre está abierta. Es como el corazón* (JC, p. 179).

Sofía se ha sentido conmovida por la revelación de Dios, manso y humilde de corazón. Ha contemplado largamente la humildad de Dios, que en Jesús se hizo «el Bajísimo», según la evocadora expresión de Christian Bobin. Se entregó a las manos de los hombres, tan frágil «que no hay que dejar que se apague en uno mismo y en este mundo», como descubrió Etty Hillesum en su búsqueda espiritual. Maurice

Zundel también lo ha expresado a su manera: «Dios frágil es el dato más conmovedor, más impactante, más novedoso y más esencial del Evangelio. Dios frágil entregado en nuestras manos. Dios frágil confiado a nuestra conciencia. Dios frágil y desarmado hasta tal punto que nos corresponde a nosotros protegerlo de nosotros mismos».

Rincón de oración

«¡Ojalá puedas reconocer cuál es esa palabra, ese mensaje de Jesús que Dios quiere decir al mundo con tu vida!» (*GE*, 24).
Sofía se ha dejado guiar por el Espíritu, en el contexto de su época. A través de ella, el Espíritu Santo puso de relieve un aspecto de la riqueza de Cristo, manso y humilde de corazón. Y tú, ¿qué huellas de santidad dejarías?

AMAR LA CRUZ

¿Ama usted esta cruz que debería hacer nuestras delicias si tuviéramos un poco de fe? Pídale a Dios que algún día merezca llevarla, que solo posea este único tesoro en la tierra. (L, 12 de octubre de 1810)

Dirigiéndose a Filipina Duchesne, Sofía, que entonces tenía treinta años, expresa el deseo de absoluto que la habita. Intuimos que no se trata de una búsqueda morbosa o perversa. ¿Cómo es conducida hacia esta unión tan íntima con Jesús crucificado?

El misterio de la Navidad y la Pasión de Jesús están relacionados en su itinerario espiritual, orientado hacia la contemplación de la humildad del Verbo encarnado. Se habría reconocido en estas palabras de Edith Stein, convertida en

Santa Teresa Benedicta de la Cruz: «El camino de Belén nos lleva forzosamente al Gólgota, y el pesebre a la Cruz». La misma disposición interior las une: «Habiendo amado a los suyos que estaban en el mundo, los amó hasta el extremo» (Jn 13,1).

Mientras contempla la humildad de Dios en el niño Jesús, Sofía se siente conmovida por el humilde silencio de Jesús durante su Pasión: *Pasemos a este aspecto de la Pasión que me confunde y me penetra. Pilato envía a Jesús a Herodes. Jesús calla. Ya conocen el resto. Herodes hace que le pongan una túnica ridícula y lo presenta así al pueblo, que lo mira como a un ser estúpido, imbécil, a un insensato... ¿A quién mira? A la Sabiduría eterna, ¡a Dios mismo! Estaríamos tentadas de preguntar al Padre celestial y decirle: «¿Es así, Dios, como debe ser tratado tu Hijo?» Sí, así es como se debe confundir al mundo: lo que parece locura es más sabio que toda la sabiduría de los hombres.* (C I, Cuaresma 1830).

Durante la Semana Santa, cada año, Sofía se despide de la comunidad el miércoles y se retira a la soledad hasta el Domingo de Pascua. Vive tan intensamente los días santos que algunos testigos se preguntan si no estará viviendo la dolorosa pasión de Jesús «tan unida a la Virgen

María como a las santas mujeres». Una hermana se percata un Viernes Santo de esta exclamación: *¡Ah, respiro! ¡Los sufrimientos han terminado!* La meditación de los misterios dolorosos le provocaba lágrimas de compasión. Jesús vivía en ella su Pasión y ella comulgaba con su sufrimiento redentor. Se le concedió, en cierto modo, vivir lo que atestigua el apóstol Pablo: «Completo en mi carne lo que falta a las tribulaciones de Cristo, en favor de su cuerpo, que es la Iglesia» (Col 1,24). Ciertamente, no «falta» nada a la Pasión de Cristo. Teresa-Benedicta de la Cruz expresa así esta realidad espiritual: «Los amantes de la Cruz, a quienes Jesús ha despertado y seguirá despertando a lo largo de las vicisitudes de la Iglesia militante, son sus aliados hasta el fin de los tiempos. A eso estamos llamados también nosotros». También sabemos que las tristezas y austeridades de la Semana Santa iban seguidas de una explosión de alegría. A Sofía le gustaba saborear la alegría pascual, especialmente con María Magdalena, su santa patrona. Su rostro se iluminaba entonces y su alegría era contagiosa.

Un pasaje del Evangelio de Juan es fundamental para Sofía: «Uno de los soldados le atravesó el costado, y al instante salió sangre y agua. [...] Mirarán al que traspasaron» (Jn 19,34.37).

Para ella es como una resonancia de la palabra de Jesús: «Aprended de mí, que soy manso y humilde de corazón». ¿Acaso el Corazón abierto no manifiesta en grado sumo la mansedumbre y la humildad de Jesús, Hijo de Dios? Es el lugar «del mayor amor», donde se manifiesta, como el amanecer de un nuevo día, la gloria del Resucitado. Es allí donde nace la Iglesia llamada a difundir este Amor infinito: «Sacaréis agua con gozo de las fuentes de la salvación» (Is 12,3). Sofía ve también ahí la fuente viva de donde nace su familia religiosa: *Jesús engendró la Sociedad del Sagrado Corazón en el Calvario, cuando de su Corazón traspasado brotó con su sangre la última prenda de su Amor por los hombres* (Cah I, p. 254).

A la luz del Amor que da la Vida, el sufrimiento puede ser aceptado e incluso deseado: *No hay verdadero sufrimiento para el que ama. Sufrimos cuando no nos decidimos a aceptarlo, o cuando lo aguantamos sin amor. Cuando nuestra voluntad se determina firmemente queda solo la dicha de entregarse con Él* (B, p. 37). Sofía se ha ido configurando poco a poco con Jesús sufriente a lo largo de su vida, y especialmente durante los años 1839-1843. Entonces vive la noche en su camino interior, pero también en su «carne», la congregación que había fundado. Al final del Consejo general de 1839, presintiendo la magnitud de la crisis que se avecinaba, ante un fresco que representaba a María al pie de la cruz, consagra la Sociedad a Nuestra Señora de los Dolores, pidiéndole *el valor que deja en calma e inmóvil al pie de la cruz*.

No oculta el intenso sufrimiento en esta crisis. Se encuentra aislada, cuestionada por sus consejeras y expuesta también a los ataques de las autoridades civiles y eclesiásticas. *Tengo la preciosa ventaja de parecerme en miniatura al santo Job, no por la santidad, sino por el sufrimiento. Todas las cartas me traen más reclamaciones, reproches...* (L, 19 de noviembre 1839). En medio de la tormenta, recibe de Monseñor Mathieu el siguiente consejo: «Apéguese a la cruz con resignación y amor, y deje que esta cruz divina, o más bien Nuestro Señor, que permanece clavado en ella por nuestro amor, rece por usted. Esta consideración tan dulce y tan verdadera calmará su corazón» (PK, p. 665). Fortalecida, podrá a su vez fortalecer a los demás: *Sumerjámonos en su Sagrado Corazón, como en un refugio impenetrable a los ataques de nuestros enemigos* (Cah I, p. 156).

Una postulante queda impresionada por la unión y la alegría de las hermanas, pues le habían anunciado que tendría que pasar pruebas. En el recreo hablan de la necesidad y de las ventajas de la cruz. Ella se pregunta: «Hay algo ahí debajo; me ocultan la verdad. Se habla de cruz, de sufrimiento, y yo solo veo rostros que irradian paz y alegría; tengo que penetrar en este misterio». Quizás esta joven ha podido comprender esta confidencia de Sofía: *Un alma que se da así ya no camina, sino vuela, ya no le cuestan los mayores sacrificios; las mayores cruces ya no la abaten. ¿Qué digo, hijas mías? La cruz es su felicidad, la ama, la desea porque Dios permite que un alma así entregada a Él, en lugar de sentir las penas que acompañan a la cruz, no guste sino de sus consolaciones, mientras que las almas débiles que ignoran las dulzuras de la cruz, ven en todo aflicciones, espinas que las desgarran; para aquellas que se entregan totalmente, el Espíritu Santo se complace en hacerles encontrar flores bajo las espinas* (C, 2 de junio de 1827).

Para Sofía, la cruz no es la última palabra: «Llevamos siempre en nuestros cuerpos el morir de Jesús, para que también la vida de Jesús se manifieste en nuestro cuerpo» (2 Co 4,10). Ella está penetrada por el poder de la Resurrección, el poder de Jesús que actúa en quienes creen.

Rincón de oración

Ante un crucifijo o una representación de
Cristo en la cruz, puedo hacer mía esta
oración de Sofía:

¡Oh dulcísimo Jesús! Hagamos juntos,
si te agrada, este pacto:
que yo muera enteramente a mí misma,
para que Tú vivas en mí,
que guarde un silencio tan profundo
para que solo Tú hables a mi corazón,
que permanezca en un sosiego absoluto
para que solo Tú actúes en mi,
 a través de mí en las almas.

EL SACRAMENTO DE SU AMOR

El amor de Jesucristo encuentra un invento en el que nadie se hubiera atrevido a pensar: se hace nuestro alimento y se rebaja así hasta el infinito para elevarnos hasta Dios. (C I, 8 de abril de 1846)

A lo largo de sus confidencias, sentimos el inmenso agradecimiento de Sofía por este acierto de Jesús, gracias al cual permanece con los suyos hasta el fin de los tiempos y los introduce en la vida divina. Para ella, la espiritualidad del Sagrado Corazón y la presencia eucarística están vinculadas. El bordado de su juventud y la «idea primordial» de su proyecto religioso y educativo llevan la huella de esta intuición. He aquí una explicación inspiradora: *Me dirán que por qué mantenemos la devoción a la Eucaristía junto con la devoción al Sagrado Corazón, si tienen el mismo fin. En efecto, no las separamos nunca. Se dice a menudo que el corazón es lo mejor que hay en el hombre, sede de la voluntad y del amor. Lo mismo que en la inteligencia permanecen los pensamientos, en la memoria los recuerdos, así en el corazón subsiste el amor. ¿Qué hay pues más digno de admiración que el Corazón de Nuestro Señor, este Corazón centro y hogar del amor del Divino Maestro hacia el Padre y hacia nosotros, fuente inagotable de los sentimientos más perfectos?* (C II, 5 de junio de 1848).

Tenemos muchos datos de su aprecio por la Eucaristía, que le inspira un gran respeto: *Solo podremos comprender los secretos de la Eucaristía si somos humildes.* Comenta los diferentes relatos mediante una especie de exégesis narrativa, compartiendo su meditación con viveza. El método revela el lugar que ocupa la palabra de Dios en su vida espiritual y en sus enseñanzas. Aborda los textos sobre la institución de la Eucaristía preguntándose: *¿Cuáles fueron los motivos que llevaron al Señor a dejarnos esta prueba tan manifiesta de su amor infinito?* (Cf. C II, 19 de abril de 1848) ¿Cuáles eran los sentimientos de Jesús cuando confió a sus apóstoles: «Con ansia he deseado comer esta

Pascua con vosotros antes de padecer» (Lc 22,15)?

Según su opinión se perfilan dos intenciones: Jesús quiere dejar una señal tangible de su presencia para sostener nuestra fe y ofrecernos la gracia de estar unidos a él. *Se dignó dejarles un sacramento en que pudiesen verle, oírle, gustar de su divina presencia bajo los velos de la fe y encontrar un preludio del cielo [...] Instituyó la Eucaristía como el mejor medio para unirnos a él probándonos así el amor que nos tiene. Es así como una madre estrecha a su hijo contra su pecho en señal de ternura, como si quisiera meterlo dentro de sí. Lo que el amor humano no puede hacer, el amor de nuestro Dios lo ha hecho dándonos a comer su carne y a beber su sangre, incorporándonos así a su persona adorable* (C I, 4 de abril de 1833). Lo expresa de otra manera: *Estas palabras prueban el deseo ardiente de darse a sus apóstoles, de probarles su amor, de llenarlos de su ser* (C I, 8 de abril de 1846).

Sofía invita a comulgar con frecuencia, porque este alimento diario le parece esencial: *¿No es una comunión algo más precioso que el universo entero?* Y nos interpela: ¿cuál es nuestra respuesta a tanta creatividad en el amor por parte de Jesús? *¿Podemos decir nosotros que vamos a la* *sagrada comunión con este deseo ardiente de recibir a nuestro Dios?* (C I, 4 de abril de 1933). *¡Ah! ¡Si tuviéramos fe! Si estuviéramos vivamente penetradas de que, en este momento, Nuestro Señor Jesús está entre nosotras, nos olvidaríamos hasta de nuestro propio cuerpo* (B, p. 33). No es raro que se le conceda la gracia de ser así cautivada por la presencia del Señor y de permanecer en ella durante mucho tiempo, sin preocuparse por lo que la rodea.

Con frecuencia, Sofía invita a la entrega total de sí mismo: *Entréguense por completo, sin esperar nada a cambio, sin retorno, con todo su corazón.* Durante una vigilia de Pascua, dice: *San Pablo nos dice: «me amó y se entregó por mí». Noten que el apóstol no dice solo «se dio», sino «se entregó». En el mundo uno se da a un amigo para prestarle un servicio, para asistirle en sus necesidades; pero uno no se entrega, es decir, que no sacrifica su posición, su salud, su fortuna y menos su vida. Esto es lo que debemos hacer, en retorno, por Nuestro Dios. [...] Entonces podremos decir a nuestras hermanas: «vengan a ver, ya no vivo yo, orgullosa, susceptible, desigual de carácter, egoísta, impaciente, disipada, no; me entregué a Jesucristo en mi comunión pascual y él me ha transformado».* (C II, 4 de abril de 1855).

El amor a la Eucaristía se manifiesta también en la importancia de la presencia eucarística en el corazón de las comunidades y en el lugar que ocupa la adoración eucarística. Cuando Sofía cree estar sola, se acerca al sagrario, rezando y repitiendo sin cansarse el nombre de Jesús. Una noche, una hermana la ve levantarse inesperadamente y llamar a la puerta del sagrario murmurando: *Señor, hace tanto tiempo que te lo pido* (B, p. 34). A menudo reconforta a sus hermanas invitándolas a rezar en presencia del Santísimo Sacramento: *Reflexione ante el sagrario, tranquilícese; vacíese de sí misma ante la plenitud. Procure rehacerse en las llagas de Jesús, sobre todo en la del costado; es nuestra... y luego empiece de nuevo, con alegría* (B, p. 34).

Descubrimos también que la Eucaristía tiene para Sofía una amplia perspectiva. No es solo un sacramento que suscita devoción y una transformación personal. Presiente lo que proclamará el Concilio Vaticano II: «La Eucaristía hace la Iglesia». Porque quienes comulgan con el cuerpo de Cristo se convierten también en un solo cuerpo: están unidos entre sí por la caridad y enviados a trabajar por la reconciliación y la unidad. Sofía lo expresa a su manera: *Después de la Cena, Jesús les dice: «Amaos unos a otros como os he amado yo mismo» ¿Entienden bien la fuerza de estas palabras? El mismo Dios que acaba de dárseles dice que para que se unan a Él deben unirse entre ellos* (C I, 8 de abril de 1846). Al contemplar el gesto del lavatorio de los pies, Sofía extiende la invitación a hacer de la actitud eucarística el hilo conductor de toda la vida cristiana. Destaca la frase de Jesús: «Os he dado ejemplo para que también vosotros hagáis como yo he hecho con vosotros» (Jn 13,15). *Ámense las unas a las otras, y ese amor se manifestará en las acciones*, repite Sofía en numerosas ocasiones.

La unión con Cristo, que se ofrece al Padre por la vida del mundo, transforma poco a poco toda la existencia de Sofía. También nosotros estamos invitados a entrar en el mismo camino pascual en el corazón de nuestra solidaridad con los demás. En línea con Sofía, las Constituciones de 1982 afirman: «La Eucaristía nos hace entrar en el misterio del Costado abierto de Jesús. En nuestra vida cotidiana, celebramos y actualizamos por ella su muerte y resurrección prolongadas en los sufrimientos y esperanzas de la humanidad. La Eucaristía nos incorpora progresivamente al don de Jesucristo a su Padre por la vida del mundo y nos reúne en un solo Cuerpo» (NC § 5). La Eucaristía es el

sacramento de amor: un amor recibido gratuita-
mente y que hay que compartir generosamente.

Rincón de oración

- *¿Qué valor damos a este sacramento de amor?*
- *¿Con qué disposiciones nos acercamos a él?*
- *¿Qué frutos sacamos?*
La víspera del Jueves Santo (C I, 4 de abril
de 1833), Sofía planteó estas preguntas
utilizando el «nosotras»; puedo conversar
con ella sobre este tema...

EN LA ONDA DEL ESPÍRITU SANTO

Hasta ahora, el Espíritu Santo ha estado en sus corazones, pero se encontraba limitado, ahora espera su cooperación para actuar y quedará inactivo, pues necesita el concurso de su voluntad para obrar plenamente. Una comparación les hará comprender esto mejor: hay fuentes que permanecen largo tiempo desconocidas; existen, pero hay un obstáculo que les impide correr; quiten un poco de tierra, retiren la materia que la obstruye e inmediatamente aparecerá el agua clara y límpida. (C II, Pentecostés 1847)

Para Sofía, entrar en el misterio del Corazón de Jesús significa vivir su abandono total a la voluntad del Padre y su íntima y total dependencia del Espíritu Santo. El alma de la vida interior es el Espíritu Santo, al que suele llamar el Espíritu de Jesús. Los bautizados han recibido el Espíritu Santo, pero ¿se ha convertido en su vida, en su aliento? ¿No se ve a menudo sofocado, limitado e impedido para actuar? Una cosa es segura: nos corresponde a nosotros darle su lugar, consentir a su acción y cooperar con ella. El Espíritu de libertad no puede sino respetar plenamente la nuestra. ¿Cómo dejarse llevar y transformar por el soplo del Espíritu?

La actitud esencial es el recogimiento: *Para atraer al Espíritu Santo con la plenitud de sus dones, les propongo: recogimiento interior y exterior, gran fidelidad a las inspiraciones del Espíritu Santo, y a los toques interiores de la gracia* (C I, 22 de mayo de 1830). Para lograrlo, invita a sus novicias de Poitiers a una paciente y generosa renuncia: desapego de las criaturas y del espíritu mundano, mortificación de los sentidos y de las pasiones, lucha contra los movimientos del amor propio y las mezquindades... La lista es larga. Ella la resume así: *Es necesario sacrificar el yo y todo lo que le pertenece, a medida que el Espíritu les indique lo que queda por sacrificar.* A menudo recomienda: *Pidamos, pues, ese Espíritu de fuerza que nos haga superar generosamente los obstáculos a nuestra santidad, todas esas pequeñas miserias que nos perturban y nos inquietan, y que finalmente nos haga olvidarnos de nosotras mismas para pensar solo en los intereses de Dios* (L, 22 de enero de 1851).

El objetivo es convertirse en un instrumento flexible en las manos de Dios. Hay que entenderlo bien: para Sofía, no se trata de dejar que Dios actúe, sino de actuar en la misma dirección que Él, de cooperar activamente en su acción. *Lo que obstaculiza la acción del Espíritu Santo es que, o bien queremos actuar a nuestra manera, o bien queremos que Él actúe solo. De hecho, se necesita nuestra cooperación, pero sin que le estorbemos.* Y continúa: *Una vez que hayan comprendido esta verdad, tendrán éxito casi sin esfuerzo: la oración, una palabra sacada del Corazón de Jesús, tendrá una fuerza y una influencia en los corazones que las convencerán de que el instrumento está animado por la gracia, que actúa por el impulso del Espíritu Divino* (L sup, 24 de agosto de 1839).

Otra recomendación que Sofía suele hacer es la de evitar toda infidelidad voluntaria, diferente de las que proceden de la fragilidad. Estas últimas, debidas al carácter y al temperamento, no alejan del Espíritu. Invitan a la humildad.

Por el contrario, *el Espíritu Santo no puede obrar en un alma que no responde a sus inspiraciones con delicada fidelidad, esa fidelidad de todos los instantes a las cosas más pequeñas.* (C II, 30 de mayo de 1857).

¿Qué hace el Espíritu Santo en un corazón que se abre a su acción? Sofía responde: *Viene a crear. [...] El Espíritu Santo es llamado con razón Espíritu Creador. Su actuación consiste en una creación que quiere hacer en nosotros* (C II, Pentecostés de 1855). Bajo el soplo del Espíritu Santo, Sofía ha vivido este paciente camino de transformación; algo que no se hizo sin su cooperación y sus infidelidades. En una carta, confiesa: *Actuaré con ustedes con toda libertad y como lo quiera el Espíritu de Dios, porque es el único al que quiero seguir para conducirlas, a ustedes y a todas. Ay, digo una terrible mentira: ¡qué lejos estoy de esa docilidad al Espíritu de Dios! Quería decir que la deseaba, me parece, sinceramente; y, sin embargo, ¡cuánto me he alejado de ella! ¡Recen para que por fin me convierta!* (L, 1832).

El recurso al Espíritu marca toda su vida. En su correspondencia, aparecen a menudo frases como esta: *Hasta entonces, veremos lo que el Espíritu nos inspira.* Múltiples testimonios indican que esperaba las señales del Espíritu para decidir sobre las fundaciones.

Cuando envía a Filipina Duchesne a América, la decisión, madurada durante mucho tiempo, se toma bajo el impulso del Espíritu. En otra ocasión acude a una comunidad en dificultades con la intención de cerrarla. A petición de la superiora, pasa media hora ante el Santísimo Sacramento y sale de su oración habiendo cambiado de opinión. Cuando recibe la luz, Sofía ya no duda. Muchas veces, ante las presiones, se limita a declarar: *No es el momento de Dios*. Busca constantemente la inspiración del Espíritu para dejarse guiar.

La docilidad al Espíritu la lleva a discernir con cuidado y a tener el don de penetrar los corazones. Una hermana da testimonio de ello: «Daba a cada una lo que le convenía con una especie de intuición de su situación y de sus necesidades, sin anticiparse a la gracia que discernía y seguía. Sin embargo, cuando no veía claro el paso que tenía que dar, su clarividencia lo captaba y le impedía buscar un equilibrio». Ya durante su vida, el Espíritu Santo le concedió el don de la curación. Una novicia de Conflans, afectada por un absceso cerebral, agonizaba con grandes dolores. Había que hacerle una trepanación. Sofía llega de París para recibir sus votos y la prepara suavemente para la muerte. Con un gesto familiar, pone la mano sobre la cabeza de la novicia. «Al tocarme, contaba esta después, sentí como si se derramara sobre mí agua hirviendo. Estaba conmocionada: una fuerza poderosa actuaba en mí» (JC, p. 140).

Una señal de la profunda vida de unión a la que el Espíritu Santo conduce a Sofía se expresa en este testimonio de sí misma en una conferencia en vísperas de Pentecostés de 1827: *¡Ah! ¡Si pudiera hablarles de la felicidad de un alma que se entrega al Espíritu Santo... toda entera... sin ninguna reserva! [...] Ya no es ella quien obra, es Dios... Ella no va, no adelanta sino por sus inspiraciones... todo se le hace fácil... Ya no tiene dificultades... El Espíritu Santo posee esta alma, se la adhiere, se establece una comunicación entre el cielo y ella. Hay en ella una escala, semejante a la de Jacob. [...] Encuentra el secreto de penetrar los corazones y como en realidad no es ella quien obra, ignora el bien que hace. [...] no desea sino seguir el impulso del Espíritu Santo* (C I, 2 de junio de 1827). Una nota precisa: «Nuestra Madre pronunció todo esto de un modo que la frialdad de la escritura no puede reflejar; tenía un tono animado, se veía obligada a detenerse

en cada palabra. Era su alma la que estaba descri-
biendo sin darse cuenta ».

Rincón de oración
Sofía escribe estas palabras a una de sus
amigas... ¿y por qué no a mí?
*Pocas se entregan por completo al Espíritu
Santo: y, sin embargo, es mucho más costoso
permanecer en la mediocridad que entregarse
por completo. En lugar de nadar entre dos
aguas, lo cual es peligroso, métase rápidamente
en la corriente y, una vez dentro, el Espíritu la
empujará y llegará con más seguridad al puerto
(L, 1832).*

EN LA BARCA DE PEDRO

¿No sentimos ese gozo que debe sentir alguien cristiano y religioso que se dice: Estoy en la barca de Pedro, íntimamente unida al cuerpo de la Iglesia, hago cuanto puedo para extenderla y embellecerla? (C II, 21 de octubre 1850)

Sofía vive profundamente la relación con la Iglesia, en su doble realidad jerárquica y pueblo de Dios. Contra viento y marea, elige permanecer en la barca de Pedro y, unida íntimamente al pueblo de Dios, se entrega sin reservas para revitalizar en él la fe, la esperanza y la caridad. Ama a la Iglesia. Sufre con ella y por ella. Contribuye, como tantos otros, a embellecerla.

Ve a la Iglesia como el cuerpo místico de Cristo, llamada a manifestar a Cristo en toda su plenitud. En un comentario al salmo 22, dice: *La Iglesia de Jesucristo puede considerarse como un gran prado en el que nos coloca nuestra vocación cristiana. Estos son los pastos verdes y fértiles a los que nos ha conducido, es decir, el seno de su Iglesia, donde encontramos tesoros de gracia y salvación.* Después de explicar los tesoros que Jesús, el Buen Pastor, nos da por medio de los sacramentos, nos anima a *participar todo lo que podamos en esta misión del Pastor atrayendo corazones hacia él.* No duda en asociar la misión de las mujeres a la tarea «pastoral» (C I, Aviñón 1835).

Al final de los *Ejercicios Espirituales* de San Ignacio hay un texto titulado «Para el sentido verdadero que en la Iglesia militante debemos tener». Sin duda, Sofía lo meditó. La formulación actualizada del jesuita Benoît Vermander (cf. *Les Exercices Spirituels d'Ignace de Loyola, Une version contemporaine*, Christus) traza un perfil en el que podemos reconocer a nuestra santa. Su relación confiada y libre con los responsables de la Iglesia da testimonio de ello. Su deferencia no le quita libertad de expresión. Ante las dificultades que encuentra da muestras de humildad, pero también de determinación. Sabe mantenerse cuando es necesario. También está profundamente vinculada a la vida litúrgica, de la que hace un camino privilegiado de santificación. Muestra respeto y admiración por otras sensibilidades eclesiales y órdenes religiosas. Se nutre de diferentes espiritualidades. Apoya con gusto los nuevos institutos e iniciativas como la de Pauline Jaricot, una mujer laica que pone en marcha la Obra de Propagación de la Fe en Lyon. La sólida formación teológica y bíblica de Sofía mantiene en ella la apertura de espíritu y la búsqueda de la verdad. Su viva fe en el amor del Corazón de Jesús se expresa en un compromiso total al servicio de su Cuerpo, que es la Iglesia, y en un ardiente deseo de la salvación de todos.

Esta mujer humilde tiene contactos privilegiados con los papas que se sucedieron durante su vida. En 1805, Pío VII se detuvo en Lyon al regresar de la coronación de Napoleón. Sofía tiene la oportunidad de pedirle su bendición para la congregación naciente. Durante su pontificado se inician los trámites para la aprobación de las Constituciones. El papa murió de repente en 1823. Los trámites continúan con León XII y la aprobación oficial tiene lugar en 1826. Dos años más tarde, el papa pide la fundación de un internado en la Trinidad del Monte, en Roma. Gregorio XVI presta especial atención al crecimiento de la congregación.

A petición suya, se hace una fundación en el Trastevere de Roma, seguida de la apertura de un noviciado. Sofía busca en el papa luz y consuelo durante las conflictivas relaciones con los obispos de Francia. Una verdadera amistad espiritual une a estas dos personalidades enfrentadas a graves acontecimientos políticos. En 1850, Pío IX la invita a acudir personalmente a Roma para el jubileo de los cincuenta años de la congregación, y ella acude con alegría: *Es para mí un deber del corazón llevar a todas a los pies del Santo Padre. Saben que ha dicho que deseaba vernos extendidas por todo el mundo* (C II, 21 de octubre de 1850).

Aunque cada vez está más estrechamente vinculada a la Santa Sede debido a su gobierno como superiora general, Sofía siente un gran respeto por la autoridad de los obispos. Les consulta antes de las fundaciones. Recomienda a las hermanas que actúen de acuerdo con las orientaciones locales, que pidan consejo para hacer cambios y que mantengan una relación filial y cordial. Por lo general, las relaciones son buenas y recibe un valioso apoyo, pero a veces se producen tensiones por diversas razones. Sofía experimenta que no es fácil para una mujer hacer respetar su autoridad sobre su familia religiosa.

El crecimiento de la congregación sitúa a la fundadora, muy a su pesar, en el centro del conflicto entre los obispos de Francia y el Vaticano. La congregación tiene una amplia presencia en Francia, pero su expansión se produce fuera de sus fronteras. Sin embargo, muchos obispos franceses, y especialmente el arzobispo de París, donde reside la superiora general, insisten en que la congregación permanezca bajo su jurisdicción. Las comunidades y las hermanas están profundamente divididas entre sí sobre este tema. Sofía se encuentra muy sola, tachada por unos de ultramontana y por otros de galicana. En este contexto, escribe a una hermana en América: *Mi brújula será Pedro, el vicario de Jesucristo. No podemos equivocarnos, ni una ni otra, mientras sigamos este camino. Prefiero morir antes que abandonarlo jamás.* (L sup, 15 de junio de 1841). Siguiendo el consejo del propio papa, y a pesar de su deseo de establecerse en Roma, mantiene la Casa Madre en París con el fin de apaciguar los ánimos. El vínculo con el Vaticano había quedado asegurado a través de un cardenal protector, que de hecho sustrae a las comunidades de la jurisdicción directa de los obispos locales. Su actitud durante este conflicto deja huella. El arzobispo de París, Monseñor Affre, después de mostrarse particularmente autoritario y brusco, dirá más tarde: «Lamento haber hecho sufrir a esta mujer. Es una verdadera religiosa del Corazón manso y humilde de Jesús, que no abrió la boca para defenderse y disculparse».

Lo que más le importa a Sofía es la unión íntima con el cuerpo de la Iglesia y el deseo de que el reino de Dios sea anunciado contra viento y marea. Ante las oleadas de persecución contra la Iglesia, dirá: *En este momento [...] sería para temblar si no fuera por estas palabras de Jesucristo: «Tú eres Pedro y sobre esta piedra edificaré mi Iglesia. Las puertas del infierno no prevalecerán contra ella». El destino de la Iglesia es el de Jesucristo durante toda su vida. En cuanto a nosotras, hijas de la Iglesia, no debemos esperar nada mejor. Si la nave de Pedro es sacudida por la tormenta, ¿no tendremos que sentir necesariamente las sacudidas nosotras, que somos una pequeña barca atada a esa nave?* (V, p. 240). Sofía vive íntimamente las dificultades que atraviesa: *En mis largas horas de insomnio, repaso los oscuros males que abruman a la Iglesia* (Diario, 1 de enero de 1861, Archivos generales). Sin embargo, si bien participa de los sufrimientos de la Iglesia, también se regocija de su vitalidad. A medida que la congregación se extiende por diferentes países y culturas, descubre y aprecia la rica diversidad de rostros del pueblo de Dios. *Su país, Chile, se convierte en el nuestro, y nos alegra ayudarles a dar a conocer y amar al Sagrado Corazón de Jesús* (Archivos generales).

Rincón de oración
Hoy, en medio de las luces y sombras de la vida de la Iglesia, ¿qué significa para mí «sentir con la Iglesia»?
¿Qué me inspira la experiencia de Sofía?

EN EL CORAZÓN DE MARÍA

Una gracia que no dejarán de pedir a esta Madre es que las introduzca en el Corazón de su Hijo. El Corazón de María, al unirse al de Jesús, compartía sus sufrimientos, y esta unión tan íntima con el Salvador la hacía, en cierto modo, corredentora. (C I, 28 de marzo de 1833)

Sofía ha experimentado la presencia activa de María en el centro de su vida y en el de la congregación. Ha intuido la profundidad de la unión entre Jesús y su Madre: *Estos dos Corazones no son sino uno y no podemos separarlos* (C I, Corazón de María, 1846). Entonces, ¿quién mejor que María para introducirnos en la intimidad de Jesús? Ya en el bordado que hizo en su juventud, los corazones de María y de Jesús estaban representados uno al lado del otro, inflamados por el mismo amor del Padre y del Espíritu, unidos en el mismo proyecto de redención. La devoción al Corazón de María está presente desde la fundación de la congregación. *Si no se nos llama religiosas de los Sagrados Corazones de Jesús y María, es por abreviar, pues realmente este sería nuestro nombre, porque estamos consagradas a ambos Corazones* (C II, 13 de agosto de 1859).

Sofía ha dado testimonio a menudo del importante lugar que ocupa María en la historia de la congregación: *La Virgen fue por primera vez nuestro refugio y nuestro consuelo en los principios de nuestra Sociedad, y esto nos hizo darle el título de fundadora; pues nos amenazaba una gran tempestad. Muchas veces no solo sostuvo el edificio, sino que reparó sus pérdidas y luchó por conservarlo y acrecentarlo* (C I, 1846). En varias ocasiones, y en períodos de gran incertidumbre, Sofía ha consagrado la Sociedad y su noviciado a Nuestra Señora de los Dolores, por la que sentía una devoción muy especial.

¿Cuáles son los rasgos particulares de la espiritualidad mariana de Sofía y las razones de su consagración al Corazón de María? Para ella, se trata sobre todo de volverse hacia su interioridad: *¡La fiesta del Corazón de María es la fiesta de su vida interior!* (C II, 13 de agosto de 1859). Se sitúa en la línea de San Juan Eudes, que popularizó la fiesta del Sagrado Corazón de María. Sofía lo deja claro: *El culto exterior no basta. Sus almas deben aplicarse en especial al estudio de su Corazón, medio también para reproducir las virtudes del de Jesús y acercarnos más a este divino modelo* (C I, 1846).

En el Corazón de María, Sofía se complace en contemplar su inmaculada concepción. Se maravilla de esta misteriosa preparación de María para su misión: el Corazón de María, que iba a formar el Corazón de Jesús, debía ser totalmente puro. La Trinidad preparó la encarnación del Hijo de Dios habitando en el Corazón de María, colmándola de antemano con la gracia de la redención. Sofía tiene la alegría de celebrar, en comunión con la Iglesia universal, la proclamación del dogma de la Inmaculada Concepción en 1854. Para ella, la gracia de la concepción inmaculada se extiende a toda la vida de María y no se limita al momento de su concepción: *Por la razón misma de su inmaculada concepción, María tuvo, desde el comienzo de su existencia, un conocimiento perfecto de Dios. Este conocimiento encendió cada vez más el ardor del amor que la consumía y le hizo aceptar de antemano todos los sacrificios que Dios le pidió. En el momento en que ofrecía a su Hijo en el templo, el anciano Simeón le hizo una dolorosa predicción. María comprendió entonces a qué estaba llamada: el amor con que amaba a su Dios le hizo amar también a los hombres por los que pagaba un precio tan alto. Desde entonces, y especialmente en el momento en que su Hijo le presentó a todos los hombres, en la persona de San Juan, María, de pie junto a la cruz, se mostró verdaderamente nuestra Redentora, nuestra Madre* (C II, Asunción 1858).

Este texto, que merece ser releído por su densidad, resume perfectamente la espiritualidad de Sofía. En él expresa su percepción del Corazón de María, embargado por el «ardor del amor», un amor de Dios que se abre al amor de los hombres y al deseo de su salvación. Este Corazón ardiente de María es también la fuente de la Iglesia, que nace del Corazón traspasado de Jesús en la cruz. En ese momento, María es dada como madre a toda la Iglesia. El Corazón de María es un corazón filial para el Padre, un corazón maternal para Jesús y también un corazón maternal para todos los hermanos y hermanas de Jesús. Ella es madre de la Iglesia.

En 1844, Pauline Perdrau, una joven francesa entonces postulante en la Trinidad del Monte en Roma, tiene la inspiración de hacer presente a la Virgen María en un pasillo que daba al claustro. Pinta allí un fresco, con la ayuda de las alumnas. Se le da el nombre de «Madonna del Lirio». El papa Pío IX, al verla dos años más tarde, exclama: «¡Es verdaderamente la Madre Admirable!». Se ha quedado con este nombre. Muy pronto, esta Virgen se convierte en el objeto de una fervorosa peregrinación. Se le atribuyen múltiples gracias en Roma y en otros lugares. Bajo el nombre de *Mater Admirabilis*, escuelas y comunidades de todo el mundo siguen celebrando a María el 20 de octubre de cada año. El don especial que concede es el gusto de la vida interior y la curación espiritual, así como muchas otras gracias.

Sofía, durante sus estancias en Roma, no deja de rezarle. Un día le dice a Pauline Perdrau: *Tu Virgencita no está nada mal. Cuando voy a la tribuna, a menudo me desvío para ir a verla. Me atrae, tiene la edad de nuestras alumnas y me habla de esa juventud a la que he dedicado mi vida* (PP, p. 18). Lo que también atrae a Sofía es que evoca la humildad, que en María alcanza una profundidad inigualable: *Lo que más luce en ella y que nos llama más la atención es la humildad, virtud que atrajo sobre ella los mayores dones que puede reunir en sí una criatura. María la practicó sin cesar en sus actos, en sus palabras y en su conducta. Parece que Dios quiso satisfacer su amor por esta virtud, poniéndola en la condición más humilde y oscura* (C II, 25 de agosto de 1849).

No basta con reconocer y apreciar la humildad de María, hay que ponerla en práctica. Sofía insiste en ello: *Si tuvieran solo un pequeño conocimiento del olvido de sí misma y de la humildad del Corazón de María, no tendrían otro deseo que el de seguir los pasos de un Dios humilde y todos los actos de su vida las conducirían hacia esa plenitud* (C II, *id.*). Con su sabiduría habitual, Sofía reconoce que el camino de la humildad no es fácil, pero invita a desearlo intensamente y a pedir la gracia para recorrerlo, porque es la fuente y el fundamento del espíritu interior, el secreto de una vida escondida en Dios.

Rincón de oración

Oración a *Mater Admirabilis* (inspirada en
una carta de la Madre de Lescure, rscj)
Madre admirable, tesoro de calma y serenidad,
te amamos por la luz de tus ojos bajos,
por la paz de tu rostro, por la actitud
reveladora de tu plenitud interior.
Tú eres la Virgen de lo invisible y de lo
esencial.
Te suplicamos que nos desprendas de todo lo
que se ve para llevarnos y fijarnos en lo
invisible que tus ojos contemplan: la presencia
invisible, la vida invisible, la acción invisible,
el amor invisible.
En nuestros días ocupados y sobrecargados,
mantennos en la luz de las cosas que no se ven.
A través de lo accesorio que a menudo nos
atrae y nos seduce, danos el sentido y el
hambre de lo esencial.

UN SOLO CORAZÓN...

Confío en que esta explicación sencilla y sincera de nuestra conducta y nuestros sentimientos acabará con cualquier tipo de amargura, si es que existe en algunas personas. Y ahora, como siempre, solo tendremos un objetivo, un solo pensamiento: hacer realidad cada vez más nuestro lema, un solo corazón y una sola alma en el Corazón de Jesús (LC, 6 de abril de 1843)

En esta carta circular enviada a sus hermanas en 1843, Sofía comunica el desenlace de la larga crisis (1839-1843). Su inquebrantable confianza en Dios, su paciencia llena de bondad y su sabiduría creativa han salvaguardado la unidad de la congregación. Un solo corazón... es ante todo la unión de todas en el Corazón de Jesús: *Él ha allanado todas las dificultades y ha preparado con dulzura el camino para la perfecta unión de los espíritus y los corazones en nuestra Sociedad. El Corazón de Jesús, que solo respira caridad, nos llama a ser un solo corazón y una sola alma con Él* (LC, 6 de abril de 1843). Todas las comunidades han permanecido unidas a la cepa y ninguna religiosa se ha marchado debido a este conflicto. Así, a través del sufrimiento, se grabó en los corazones el lema que figura en las cruces de profesión: un solo corazón y una sola alma en el Corazón de Jesús.

Desde el comienzo de la congregación, Sofía insiste en la importancia de la vida comunitaria, ese lugar feliz y exigente donde se vive el amor humilde día a día. El lema se inspira en los Hechos de los Apóstoles: «La multitud de los creyentes no tenía sino un solo corazón y una sola alma» (Hch 4,32). La primera comunidad de Amiens es imagen de una vida sencilla, pobre y alegre: *¡La caridad reinaba entre todas! Solo por la noche, ya acostadas nuestras niñas, podíamos reunirnos un momento… ¡Qué felices nos sentíamos! Nos apretábamos alrededor de un pequeño brasero lleno de cenizas calientes. También allí confesábamos pequeñas faltas contra la caridad que queríamos reparar* (ML, p. 49). Para Sofía, la caridad fraterna es el cemento indispensable de la congregación: *Me gustaría poder hacerles saber todas las luces que recibo de Dios sobre este punto esencial: sí, la unión será nuestra fuerza; ¡hay que conservar esta unión divina, a costa de los mayores sacrificios!* (Cah I, p. 142). Tras la crisis, la actitud de Sofía hacia las hermanas que habían traicionado su confianza y fomentado las divisiones conmueve los corazones. «Se podría haber pensado, dirá alguien, que las que más le habían hecho sufrir se convirtieron en sus preferidas».

A partir de este nuevo comienzo, la congregación se organiza en vicarías y Sofía puede compartir su responsabilidad con las consejeras y nombrar superioras vicarias. Su edad y su salud, siempre frágil, hacen que se desplace cada vez menos. Esto no le impide mantener los contactos, a través de una correspondencia que ocupa gran parte de su tiempo, así como mediante los múltiples encuentros con quienes la visitan. Catorce mil cartas dan testimonio de su pasión por mantener la unión de los corazones, a la que se aferra más que a nada.

Para Sofía, la caridad fraterna no se limita al estrecho círculo de los seres queridos o de una comunidad; la caridad también es social. En su correspondencia, hay una pregunta frecuente que es reveladora: ¿se paga regularmente a los trabajadores? Se indigna cuando no es así: *No puedo soportar que se haga sufrir a los obreros, es una enorme injusticia y mi corazón sufre profundamente desde que recibí su última carta* (L, 22 de enero de 1855). Este hecho, entre muchos otros, revela que la pasión por la unidad inspira todo el impulso apostólico de Sofía. Un solo corazón… es también el deseo de que el Corazón de Jesús reúna a toda la humanidad en el amor. Su horizonte no es otro que la reconciliación en Cristo. En 1858, las alumnas del internado de París se dan cuenta de que el patio de la escuela gratuita está embarrado y, por iniciativa propia, deciden pedir arena como regalo de Navidad. ¡Esto no deja de llamar la atención de las familias! Al ver llegar los camiones de arena, Sofía exclama con alegría: *¡Ah, cultivemos estos sentimientos de distribución de la riqueza por la caridad! Jesucristo nos dio ejemplo en la tierra. Para nosotros es una obligación sagrada. Solo el Corazón de Jesús puede reconciliar al pobre con el rico por la caridad divina* (PP, p. 333).

Su apertura social la lleva a fomentar la solidaridad: acogida de huérfanos a causa de las epidemias de cólera, adaptaciones para poder recibir a alumnos discapacitados, acogida de víctimas de las Revoluciones, cuidado de los heridos, etc. Ella misma, por ejemplo, durante su estancia en Conflans, se entera de que un militar del cuartel vecino, en un gesto imprudente, ha golpeado a uno de sus jefes, y por lo tanto se enfrenta a la pena de muerte. Lo esconde en su coche y lo lleva a París, donde se esfuerza por conseguir que se le indulte. Sofía, moldeada por la contemplación del Corazón de Jesús y el ardiente deseo de que sea conocido y amado, es consciente de que este anuncio pasa por la contemplación de Jesús en los pobres y por la más tierna compasión hacia todos: *En verdad, los pobres no nos conmueven lo suficiente* (L, 17 de febrero de 1818).

Después del Concilio Vaticano II, se invitó a las congregaciones religiosas a un *aggiornamento*, un retorno a las intuiciones originales de los fundadores y fundadoras. La Sociedad del Sagrado Corazón se ha comprometido a volver a las fuentes, con el fin de actualizarlas en respuesta a los retos contemporáneos. Este enfoque ha permitido una fidelidad creativa en un lenguaje nuevo para expresar el carisma, y en opciones apostólicas valientes. Un texto significativo expresa esta evolución: «Para contemplar este Corazón no tenemos que apartar nuestras miradas de la tierra, morada del Dios vivo. Cristo está allí, escondido en el corazón del mundo donde lo ha sepultado su muerte y de donde surge su vida de resucitado, invadiendo poco a poco la Historia. Está ahí, en esa esperanza inconsciente que trabaja a toda criatura, presente en el esfuerzo de los hombres por construir un mundo justo y fraterno. En esta humanidad, de la que ha compartido el miedo, la soledad, el amor, debe manifestarse su Gloria. En lo más profundo de nuestra vocación resuena hoy esta llamada a contemplar el Corazón de Cristo a través del corazón traspasado de la humanidad» (Capítulo 1970).

En el mismo sentido, la llamada a «Ser artesanas de esperanza en nuestro mundo bendecido y roto» (Documento Justicia, Paz, Integridad de la Creación 2019) se ha lanzado a toda la familia del Sagrado Corazón: «El cuidado de las relaciones está en la raíz de nuestra tradición. Hoy somos más sensibles a la importancia de la interrelación y queremos reforzar la colaboración con otros grupos comprometidos con la justicia, la paz y la integridad de la creación, y dinamizar la colaboración entre nosotros y con toda la familia del Sagrado Corazón. Esta unión nos da la energía y la creatividad necesarias para

transformar las estructuras injustas. También
reconocemos la importancia de nuestros gestos
cotidianos para preservar el planeta y cuidar
tanto de los demás como de nosotros mismos
[...] confiando en el Espíritu que sigue transfor-
mando el mundo».

Rincón de oración

Una oración de confianza para todas las
circunstancias:
Oh Jesús, por intercesión de Santa
Magdalena Sofía,
A tu Corazón confío (tal intención).
Mira y haz lo que tu Corazón te diga.
Deja hacer a tu Corazón.
Cuento con Él, de Él me fio,
a Él me abandono.
Oh Jesús, estoy segura de ti.

FUEGO EN LA TIERRA

Hagamos como el cisne, que, a punto de morir, reúne sus fuerzas y canta con más armonía que nunca. Así terminan los santos. Es el acto más puro, más ardiente de amor, más perfecto de su vida. (L, 16 de mayo de 1839)

Estas palabras, escritas a una amiga en 1839, cuando creía que su muerte estaba próxima, expresan en realidad el estado de ánimo interior de Sofía al final de su vida. Su peregrinación terrenal terminó el 25 de mayo de 1865. No marca un punto final, sino una etapa de su camino espiritual. Hoy en día, una congregación, las religiosas del Sagrado Corazón de Jesús, pero también una amplia red internacional de mujeres, hombres y jóvenes, la Familia del Sagrado Corazón, siguen viviendo de su presencia y de su espíritu. Sofía, no nos cabe duda, hizo suyo para la eternidad el gran deseo del Corazón de Jesús: «He venido a traer fuego a la tierra, ¡y cómo desearía que ya estuviera encendido!» (Lc 12,49).

De Sofía viva no conservamos ningún retrato auténtico, lo cual es sorprendente para alguien que vivió en pleno siglo XIX. Nunca aceptó posar, ni siquiera ante una compañera artista, y se opuso a cualquier intento de ser fotografiada: *No es mi rostro lo que hay que reproducir, ¡es mi afecto lo que habría que fotografiar!* (JC, p. 154). Para acercarnos a ella, solo nos queda escuchar los latidos de su corazón.

Durante la larga vida de la fundadora, se fundaron ciento once casas en dieciséis países, de las cuales casi noventa seguían en pie a su muerte. Fue superiora de unas cinco mil religiosas, de las cuales tres mil quinientas cincuenta y nueve seguían vivas en 1865 para continuar y desarrollar su obra. Su espiritualidad encuentra en la imagen del fuego su símbolo más poderoso: el fuego del amor, como un fuego interior que se desborda en un ardor benéfico hacia los demás. «Su alma contemplativa, dijo el papa Pío XII, se perdía en los abismos del amor del Corazón divino para irradiarlo mejor a su alrededor». La espiritualidad de Sofía se expresa en este doble movimiento de «descubrir y manifestar» el amor de la Trinidad plenamente revelado en el Corazón humano y divino de Jesús.

A raíz de su primera comunión, Sofía recibió el don de la inteligencia de las Escrituras. Como Jeremías, puede decir que la palabra de Dios está en ella como un fuego, algo que se refleja en toda su correspondencia. Le encanta el Cantar de los Cantares, en el que vibran su gusto por la poesía, su delicada sensibilidad y su apasionado amor por Dios. Al final de este libro, la esposa le ruega al Amado: «Ponme como un sello sobre tu corazón, como un sello sobre tu brazo», y el coro continúa: «Porque el amor es fuerte como la muerte, implacable como el shéol la pasión. Saetas de fuego, sus saetas, una llama de Yahvéh» (Ct 8,6). Sin duda debido a las veces que se refiere a él, este versículo ha sido elegido por la Iglesia como canto de entrada para la misa de su fiesta. Da la clave de su vida. En el Corazón de Jesús echa sus raíces la vida de Sofía. Desde su juventud, se deja seducir por este fuego. Poco a poco, transformada a su semejanza, dedica todas sus energías a irradiar este amor en una respuesta audaz a los retos de su tiempo. Al final de su vida, ha podido decir con toda sencillez y verdad: *Toda mi vida no he sido nada más que el instrumento del Corazón de Jesús* (V, p. 314).

Tras las grandes pruebas y el Consejo general en el que reitera su petición de ser relevada de su responsabilidad, se ve nuevamente confirmada en su misión. A partir de entonces, la vive en paz y abandono. A los ojos de todos, parece serena y libre. A sus más de ochenta años, se dirige alegremente a la capilla diciendo: *Voy a la fuente de agua viva.* Vive arraigada y establecida en el amor, saboreando ya esta promesa: «Que podáis comprender con todos los santos cuál es la anchura y la longitud, la altura y la profundidad, y conocer el amor de Cristo que excede a todo conocimiento, para que os vayáis llenando hasta la total plenitud de Dios» (Ef 3,18-19).

En su vejez, la influencia de Sofía no deja de crecer. Su amor es más desbordante que nunca. No puede prescindir de la presencia de las niñas. La Casa Madre donde reside está cerca de un internado. *Esos gritos infantiles, que resuenan en mis oídos, lejos de cansarme, me aportan una vida que se está apagando en mí.* A menudo pide: *Tráiganme niñas. Tengo hambre de esas flores. Cuando leo el Cantar de los Cantares: «Rodéame de flores perfumadas», es la infancia de lo que ansío* (JC, p. 186). Abundan los testimonios de estos encuentros en los que se manifiestan su ternura y su corazón de educadora. Se maravilla con las preguntas y las ocurrencias de las niñas, se ríe a carcajadas ante sus atrevimientos y las estimula con perspicacia a la interioridad.

Sofía conserva hasta sus últimos días una mente ágil y un vivo interés por la actualidad. Anteriormente había dicho: *La caridad de Cristo nos apremia, ¡y los tiempos también nos apremian!* (CB, 10 de noviembre de 1831). Hasta el final, se preocupa por adaptar la educación a las necesidades de su época: *En estas largas horas de soledad forzada*, escribe unos meses antes de su muerte, *en esta serie de noches sin descanso, he podido considerar con más calma y medir las nuevas necesidades de la Sociedad [...] La educación ya no es lo que era hace unos años [...] Hay que revisar nuestro Plan de Estudios para modificarlo y completarlo* (LC I, 10 de marzo de 1864).

Su espíritu misionero sigue más vivo que nunca. Su mirada se dirige desde hace tiempo hacia China. Había recibido una estatua china de la Virgen. Se vuelve frecuentemente hacia ella y manifiesta su ardiente deseo de dar a conocer al Corazón de Jesús hasta los confines del mundo. Durante su proceso de beatificación, una hermana dio este testimonio: «Un día, hacia las nueve de la noche, me llamó con un golpecito en el hombro, y durante dos horas me habló con fuego del amor de Dios y de su deseo de propagar su gloria. Me había llevado a un balcón desde el que se veía el cielo estrellado, iluminado pálidamente por la luz de la luna. Me iba descubriendo sus proyectos de fundación en las regiones más lejanas, proyectos todos que se han realizado después de su muerte. Nunca había comprendido tan bien cuán vivo y profundo era el amor sobrenatural que ardía en su corazón» (MW, p. 86).

La devoción al Sagrado Corazón—la entrega total de sí misma al Corazón de Jesús—ha transformado a Sofía y fecundado su creatividad apostólica. Esta espiritualidad permanece como un tesoro por descubrir en medio de las inquietudes y aspiraciones de hoy. El papa Francisco, en su reciente encíclica *Dilexit nos*, reaviva nuestra esperanza: «El mundo puede cambiar desde el corazón» (*DN*, 27). Nos indica el camino: «El Corazón de Cristo es éxtasis, es salida, es donación, es encuentro. En Él, nos volvemos capaces de relacionarnos de un modo sano y feliz, y de construir en este mundo el Reino de amor y de justicia. Nuestro corazón unido al de Cristo es capaz de este milagro social» (*DN*, 28). Sofía deseaba ardientemente este «milagro social». En el contexto que le correspondía, aportó su contribución creativa, volviendo sin cesar a la fuente viva: el Corazón de Jesús.

La invitación de Sofía nos plantea un conocido desafío que debemos afrontar juntos: *Amemos mucho a Jesús, que su nombre resuene por toda la tierra; ahora es el momento, ¡que el amor sea su misión para la eternidad!* (PP, p. 467).

Rincón de oración

En compañía de Sofía, escucho latir su corazón...

¿Qué «retrato» de ella se ha dibujado en mí?

¿Qué relación se ha tejido con ella?

¿Qué horizonte me abre?

CONCLUSIÓN

Las personas familiarizadas con la espiritualidad ignaciana habrán reconocido en este itinerario los matices propios de los *Ejercicios Espirituales* de San Ignacio, de los que Sofía estaba penetrada: la fe arraigada en la existencia humana, con sus luces y sus sombras, el seguimiento generoso de Jesús en su misión, la unión con Cristo que se ofrece por la vida del mundo, el sentido de Iglesia, la contemplación para alcanzar amor... Sofía también aporta su toque personal: beber de la fuente viva del Corazón de Jesús, cuidar la interioridad, dejarse transformar por el Espíritu Santo, buscar apasionadamente la reconciliación...

La encíclica *Dilexit nos*, publicada cuando se terminaba esta redacción, ha sido recibida con alegría y gratitud, confirmando en cierto modo la actualidad de la experiencia espiritual y del mensaje de Santa Magdalena Sofía: *Dios no deja de posar sobre nosotras una mirada llena de amor* (Conferencia de 1855). Dios posa esa misma mirada de amor sobre nuestro mundo bendecido y roto. Nos invita a amarlo también nosotros y a vivir en él como «peregrinos de esperanza».

Desde el 8 de diciembre de 2024, la presencia de las reliquias de Santa Magdalena Sofía en el altar mayor de la catedral de Notre-Dame de París nos anima a pedirle que interceda para que se cumpla la oración del papa Francisco: «Pido al Señor Jesucristo que de su Corazón broten para todos nosotros esos ríos de agua viva que sanen las heridas que nos causamos, que fortalezcan la capacidad de amar y de servir, que nos impulsen para que aprendamos a caminar juntos hacia un mundo justo, solidario y fraterno. Hasta que celebremos felizmente unidos el banquete del Reino celestial. Allí estará Cristo resucitado, armonizando todas nuestras diferencias con la luz que brota incesantemente de su Corazón abierto. ¡Bendito sea!» (*DN*, 220).

PARA SABER MÁS

Las referencias de la página 20 ofrecen algunas biografías que permiten descubrir la rica personalidad de Magdalena Sofía Barat. Se recomiendan especialmente:

Luirard, Monique, RSCJ *Magdalena Sofía Barat, una educadora en el corazón del mundo desde el Corazón de Cristo*, México, 1999

Baró y Queralt, *Xavier, Santa Magdalena Sofía Barat*, Barcelona 2013

Ortega, Joaquin L, *Magdalena Sofía Barat. Un símbolo blanco*, Madrid 1995

Kilroy, Phil, RSCJ, *Sofía Barat. Una vida*, Madrid 2000

Gabriel y Galán, Marian RSCJ, *Santa Magdalena Sofía Barat, Fundadora de la Sociedad del Sagrado Corazón* (para niños)

El Centro Sophie-Barat en Joigny, que alberga su casa natal, ofrece retiros espirituales, pero también visitas a los lugares donde vivió Sofía.

Sitio web del Centro Sofía Barat:
centresophie-barat.com

Sitio web internacional:
rscjinternational.org

ÍNDICE

Biografía 7

Introducción....................................... 15

Siglas utilizadas 19

1.   Yo nací del fuego....................................22

2.   Mi Padre es el viñador 29

3.   Porque me amas.......................................36

4.   Sacudida por la voluntad de Dios............43

5.   Formar en el espíritu de adoración 50

6.   Hasta los confines de la tierra 58

7.   Marta fundida en María 65

8.   Jesús, manso y humilde de corazón 72

9.   Amar la cruz.....................................79

10. El sacramento de su amor 86

11. En la onda del Espíritu Santo.....................93

12. En la barca de Pedro 100

13. En el Corazón de María.......................107

14. Un solo corazón.................................114

15. Fuego en la tierra 121

Conclusión 128

Para saber más 130